gestalten

Small Homes Grand Living

小さな家の
大きな暮らし

PIE

Contents

メノ・アデン「無題（G.S.II）」
「Room Portraits」（2006年）

Thinking Big by Living Small

スモールリビングが大きな発想をもたらす

空間は資源であり商品でもある。
70億人以上がいるこの星、地球では、
人口密度の高い大都市で暮らすほとんどの人にとって、
土地は貴重だ。

ひとりで暮らしていても家族と暮らしていても、生活の中心は自分の家。家は休息の場であるとともに日常生活の場であり、生活の質に重要な影響をおよぼす可能性を秘めている。本書には、ヨーロッパからアジア、アメリカ、オーストラリアまで、デザイナーや建築家がコンパクトなスペースをどのように活用して生活の質を高めているか、そのすばらしい見本が収められている。

第二次世界大戦後、豊かさのしるしとして大きな家が建てられるようになった。西欧では、2台分のガレージやサウナ、食器室、ゲストルーム、プレイルームのある家をもつという夢が、多くの人にとって現実のものになったのだ。1970年代の石油危機が、コンパクトな暮らしに回帰する最初のきっかけとなった。人口密度上昇の引き金になった石油危機によって、暖房費が高騰し、次世代の家族向け戸建て住宅や共同住宅の広さに影響が及んだのである。

次に1990年代に入ると、ジェントリフィケーション（＊1）の結果が目に見えるかたちとなってあらわれ、コンパクトな暮らしに影響を与えた。都市構造の改善によって都市は低所得者層にとって住みやすい場所になったかもしれないが、それと同時に地価が高騰した。都市の中心部では生活水準は低かった——そのせいで前の世代は郊外での生活を夢見るようになった——が、それもなくなり、公共の緑地や自転車専用レーン、海水浴やレジャーのための施設が整備されていった。そして投資の対象としてコンパクトな都心部がふたたび注目されるようになったのである。家賃の上昇にともなって、多くの人が、コンパクトな暮らしが生まれるきっかけとなる選択を迫られた。現在よりも小さな家に暮らせば、家賃は安くなる。いまよりも小さなスペースを所有したり借りたりすれば、稼ぐお金も少なくてすむ。そうすれば、労働時間を減らせるし、自由な時間が増える。つまり、よりコンパクトな家で暮らす気があれば、ゆとりある空間と引き換えにゆとりある時間が手に入るのだ。

持続可能性（サステイナビリティ）の観点からすると、人口密度の高い地区でコンパクトに暮らすのが、いちばん効果的な住まいの形だ。壁や設備をシェアしたり、公共の交通機関を使ったり、自転車で通える通勤圏内だったりすれば、エネルギーやモノの消費量はぐっと下がる。では、狭小な空間で快適な生活水準を保つにはどうしたらいいだろうか。

コンパクトな暮らしにおけるプライバシー

プライバシーを求める程度と家の中をどう分けるかは、文化によって違いがあり、どんな家にするかという点に大きな影響を及ぼす。これから紹介する3つの例は、それぞれの土地の気候、文化、習慣をもとに生まれたものだが、そこにあるアイデアはどこででも使えるすばらしい可能性を秘めている。

＊1：再開発による都市の低所得者層居住区の高級化

日本から学ぶ：家具の数を最小限に絞ることで、
さまざまな用途に部屋を使用できる。

日本から学ぶ

　日本では、視覚的に隔てられることでプライバシーが保
たれることが多い。基本的に、家族全員がひとつの広い空
間で暮らせるのは、各自が互いに見えなくなるところに引
っ込むことができるからだ。その結果、複雑で美しいコン
パクトな暮らしの空間がいくつも生まれる。その空間の中
で、日本人の家族は上下階に分かれ、隙間のスペースで、
あるいは障子で隔てられた空間で眠る。このように、日本
では視覚的に隔てることでプライベートな空間が生まれる。
プライベートという概念をこのように捉えることによって、
家をつくる新しい方法が生み出された。ここでは扉はプ
ライバシーを守るためのものではない。日本にはほかに
も興味深いことがある。最低限の家具しかないため、さ
まざまな用途に部屋を使えることだ。畳を数枚床に敷い
た部屋は、目的に合わせて家具の配置を変えるだけで、1
日のなかでもさまざまな用途に使用できる。立つ、座る、
横になるなど、姿勢によって身体の機能が制限されると
したら、特定の姿勢になったり、身体を快適に保ったり
するために最低限何が求められるだろうか？　文化によ
っては、ダイニングルームとリビングルームを分け、そ
れぞれテーブルとソファを置いているところもある。し
かし日本では、伝統的にリビングとダイニングはひとつ
の部屋にまとめられ、最小限の家具しか置こうとしない。
家具がないことで多くの用途に対応できるからだ。

北欧から学ぶ

　日本とは違って、北欧の家族にとっては全員ひとつの
部屋で寝るなど、想像すらできないだろう。北欧では、

　一般的に両親と子どもたちが家の両端の部屋に分かれる
ことが多く、家の広さにかかわらず、両親部屋と子ども
たち部屋のあいだにはドアがふたつ以上ある。言い換え
ると、ベッドルームとベッドルームのあいだにリビング
とキッチンがある。このように部屋を機能的に分けるこ
とによって、共同スペースができあがる。そして現代的
な住宅の中心には、「会話のキッチン」といわれる
samtalekokken——高さ約85㎝（33 in）のアイランドキッ
チン——がある。料理をしているあいだ、みんながそこに
集まる。母親や妻はキッチンにいて、父親や夫はリビ
ングにいるという昔ながらのスタイルはすでに過去のも
のになり、家の中心にある多目的なスペースがすべての
部屋（ベッドルームとバスルームは除く）とつながってい
るというスタイルに変わった。そのスペースで友だちや家
族が一緒に過ごすのだ。ひとつの家は個々人の小さな部屋
と大きな共同スペースに分けられている。

　北欧の家のもうひとつの特徴は、室内と日光の関係にあ
る。日照時間が短く、雨の多い寒い季節が長く続くため、
北欧の人々は大半を家の中で過ごす。そのため、家の中で
は明かりが重要な役割を果たす。何時間もかけてゆっくり
と沈む太陽に合わせて、ランプやキャンドルが次々にとも
されていく。日光の代わりに天井の中央に強い照明をひと
つ取り付けるのではなく、海に浮かぶ島々のような小さな
明かりが、室内を居心地のよい空間に細かく分ける。それ

によって、夜になると、ひとつの部屋に多様な空間があるような錯覚が生まれる。

アルプスから学ぶ

料理をしたりくつろいだりするスペースと個人の寝室を機能的に分けることは、伝統的なアルプスのシャレー（＊2）にも見られる。とはいえ、暖をとるために、アルプスでは屋内が上下に分けられることが多い。シャレーの中心には巨大なオーブンが備え付けられ、生活と料理のための熱を提供してくれる。薪を燃料とするオーブンに熱が蓄積され、いったん温まると何時間も熱を放つ。巨大なオーブンがある階の上階にあるベッドルームは、小さな吹き抜けから上がってくる暖気の恩恵を受けられる。傾斜の急な屋根のついた多層式のこの家は、外壁の表面積ができるだけ少なくなるようにつくられている。これは何世代もかけて改良されたものだ。シャレーはまるで、オーブンを中心に据えた暖かい山小屋である。

部屋の規模

コンパクトな暮らしにおける重要なポイントは、狭い空間を広く見せる発想だ。刑務所の独房は意図的に、囚人が孤立した状態に置かれることで不安を感じるよう、狭く、外の世界とは隔絶されるように設計されている。対照的に修道院の独房は、瞑想と禁欲的な生活という理想のために設計されているが、修道士の日常生活は大聖堂や図書室や畑といった場所でも営まれる。一日の残りを広々とした場所でほかの修道士たちとともに過ごしていれば、狭いひとり部屋で眠ったり瞑想したりするのも難しくはない。

現代の生活において、コンパクトな暮らしを魅力的なものにするには、狭い部屋を広々と見せることが課題になる。現代人は倹約して収入を減らすという代償を払うことによって、公共の場、つまり美術館、ジム、レストランといった大きな建物で過ごす時間を確保できるのだ。

空間を広く感じさせる例として中世の大聖堂を挙げることができる。これは次のような仕組みになっている。通りから歩いて大聖堂に入ると、外の空間でいちばん高いところは空だったので、そのまま身廊に入ってもそれほど感動しないはずだ。それは単に、屋内は外部空間よりも狭いからだ。ところが、屋内と外部空間のあいだに狭くて暗い空間を挟むと、視覚を暗い照明に合わせて調整しなければならなくなる。そのため、入ってきた暗い空間と比べると、大聖堂の身廊は広く眩しく感じられる。四角い広場、拝廊、身廊という空間の順序は、目に錯覚を起こさせるよい例だ。広さを感じる感覚は、直前に体験した環境に関連している。広さを感じる人間の感覚に影響を与える空間の順序は、大聖堂だけではなく、コンパクトな家にも使われている。

ミース・ファン・デル・ローエ（＊3）は、その代表作であるイリノイ州のファンズワース邸（1951年）で別の手法を採用した。建物の壁面をガラスにすることで、周囲の環境を室内に取り込んだのだ。そのため小さな住宅にもかかわらず、広々とした空間に見える。まるでファンズワース邸と外部との境界は建物の壁ではなく、敷地の周囲にある木々のようだ。室内の空間が外の空間まで広がっている。家のすべての機能は天井の高さの"箱"の中に収められている。ミースはこの箱を、細心の注意を払って非対称になるよう、ガラスの壁面に触れないようにして家の中心に設置した。そうすることで、ひとつの空間がそれぞれ均整の

北欧から学ぶ：
「会話のキッチン」と呼ばれる多様な機能をもつアイランドキッチンは、現代の北欧住宅の中心であり、料理をしているあいだ友だちや家族がそこに集まる。

アルプスから学ぶ：
何世代もかけて改良された伝統的なスイスのシャレーには中心部に薪を燃料とするオーブンがある。オーブンが料理や生活のための熱を提供し、上階のベッドルームまで暖気を届けてくれる。

とれた4つの空間に区切られた。リビングは寝室より広く、寝室はキッチンより広い。こうした特徴はすべて、たったふたつの要素を使うことで生み出されている。それはガラスの壁面と実用的な箱だ。1軒の効率的な家はシンプルなふたつの要素からつくることができる。

減らすことで機能を溶け込ませる

パリに、1本の通りがある

その通りには、1軒の家がある

その家には、1条の階段がある

その階段をのぼると、1室の部屋がある

その部屋の中には、1卓のテーブルがある

そのテーブルの上には、1枚の布がかかっている

その布の上には、1個のかごがある

そのかごの中には、1巣の巣がある

その巣の中には、1玉の卵がある

その卵の中には、1羽の鳥がいる

その鳥が卵をひっくり返した

卵は巣をひっくり返した

巣はかごをひっくり返した

かごは布をひっくり返した

布はテーブルをひっくり返した

テーブルは部屋をひっくり返した

部屋は階段をひっくり返した

階段は家をひっくり返した

家は通りをひっくり返した

通りはパリをひっくり返した

ドゥー＝セーヴルの童歌、ポール・エリュアール
『Poésie involontaire et poésie intentionelle』
（ジョルジュ・ペレック訳『Species of Spaces and other Pieces』1974年）

この詩は、人が暮らすさまざまな空間同士の関係性を描いている。想像力を少し働かせると、この詩は、最小サイズの私的な空間から都市全体にいたるまで、空間が相互に作用していることを表しているのがわかる。コンパクトな暮らしとは、広い空間内の狭い空間についてのことであり、ふたつの空間が部分的にどのように重なりあい、影響を及ぼしあっているかという点と関係がある。

多くの場合、リビングルームが最も広くて多用途だ。客が来てもリビングにしか入れないかもしれない。大きな家具を置かないことで融通が利く日本のリビングのように、アラブ諸国でもまた、リビングの空間は興味深い捉え方をされている。アラブでは部屋の壁に沿って座り、中央にスペースをあけておく。そうすることで、もてなしの気持ちが客に伝わる。人でいっぱいのアラブの家のリビングに入ると、客はリビングの中心にいることになり、周りにいる人たちに受け入れられているように感じるのだ。逆に、西欧諸国のダイニングルームに入ると、みんながテーブルを囲んで座るので、集まる人の数が椅子の数で決められているかのように、客は自分が輪の外にいる気がする。アラブで客と家族を壁に沿って座らせるのは、さらにたくさんの人を迎え入れられるように、スペースを

TENHACHI ARCHITECT &
INTERIOR DESIGN：
いくつかの機能をひとつの
スペースにまとめる。そこで
料理も食事も仕事も遊びもできる。

ファンズワース邸の壁面は
すべてガラス張りのため、
実際よりも広々と開放的だ。

確保しておくための方法である。

　ワークスペースには、どんな仕事をする場所であるかに
よって、さまざまな機能をもたせられる。何人かが暮らし
ている家の場合、雑音に煩わされることなく、多くのこと
をできるようにしなければならない。同じ問題はオープン
プラン（＊4）のオフィスでも生じる。オフィスの場合は、「ス
カイプ・ボックス」という電話会議用の小さなミーティン
グルームが設置されることが多い。単身者世帯では、ワー
クスペースはノートパソコンを置けるぐらいのスペースに
なるだろう。複数の機能をひとつの形にまとめると、ワー
クスペースとしての機能とほかの機能をまとめやすくなる。
たとえばワークスペースを、階段、ベッドルーム、キッチ
ンとまとめる方法が考えられる。

　ベッドルームは収納スペースを兼ねることができる。一
般的にベッドだけで2〜4㎡のスペースを必要とする。と
はいえ、そもそもベッドは横になるための場所だ。という
ことは、ベッドの上の空間はもっと削ることができる。こ
の事実によってたくさんの興味深い解決策が導き出される。
スペースを確保したり収納スペースをつくったりするうえ
で大きな可能性がもたらされる。また、コンパクトなスペー
スで暮らすには自分を律する必要がある。そもそも、た
くさんのモノを持つことよりも、たくさんのモノを持たな
いようにすることのほうが難しいといわれている。そうな

ると問題は、必要最小限の収納
スペースはどれくらいかという
ことになる。すでに述べた時間
と空間の優先順位の話と同じく、ここでもそれに近い合理
的な考察が可能になる。持ち物が少なければ少ないほど、
家にはスペースが増える。コンパクトなバスルームを設計
するときは、ホテルの設計をヒントにすれば多くの解決策
が見つかる。ホテルを設計する際には1インチのスペース
も無駄にできない。そのためホテルは、バスルームを最大
限活用しつつ、ほかの目的に使うスペースを生み出すため
のアイデアの宝庫だ。バスタブを置きたい場合、スペース
を確保するために、リビングの一部として扱われることが
多い。バスルームをコンパクトにしたまま、バスタブの上
のスペースがリビングに付け加えられるのだ。バスルーム
の機能のなかで唯一ほかの機能とまとめることができない
のはトイレだろう。狭い家では、洗面台とシャワーは「水
まわり」のカテゴリーに分類され、スペースを確保するた
めにキッチンとまとめられる。この場合でも、料理とシャ
ワーは同時には行われない。

コンパクトな暮らしの空間を
都市に加えることについて

　家は必ずしも大手の建設業者によって建てられるわけで
はなく、個人の建築家によるクリエイティブな産物でもあ
る。本書に登場する数多くの設計例は、工業的な意味であ
れ商業的な意味であれ、すでにほかの用途で使われている
都市中心部について考え直すためのよい手本になる。人口
が密集した地域だけの話に限らず、コンパクトな暮らしを、
少ない予算で何ができるかの研究対象として、あるいは、
許可された平米数に収めて建築規制に対処する戦略の対象
として捉えることができる。問題は、こうした研究をどん
なふうに支援するのか、個人が主導する取り組みをどう支
援するのかだ。こうした市民レベルの取り組みが可能な社
会は、その背後にあるクリエイティブな精神の長所からも
恩恵を受けるだろう。都市の構成要素は、そこで暮らす人々
が調整して変えることができる生命体とみなされるべきだ。
厳格すぎる建築基準法や柔軟性を欠いた計画は、都市がそ
のときどきの状況に適応して変わっていく妨げになる。

　空きビルや空き地が、生き生きとした都市の欠かせない
一部としてではなく、単なる投機対象となってしまうとき、
矛盾が生じる。何十年も放置された末に土地の価値が上が
り、それと同時に、その土地に家を建てたいという周辺都

市からの需要が非常に高まる。ここにもまた、現存する建物と、放置された建物や屋上とのあいだにちょっとしたギャップが生まれる。この問題の解決策の一例として、オランダの不法占拠法が挙げられる。2010年まで、最低でも1年間空き家だった場合、その建物を占拠する人が警察に登録すれば無断占拠も合法だった。この法律によって、たとえば使われていない学校やオフィスビルを放置したままにしておけなくなった。このようなラディカルな方法で建物の使い道を変えることができるとしたら、民間主導の活動にとっては大きなアドバンテージになる。建物の用途区分を変更して現実の需要に合わせる際の官僚的なやり方は、概して、社会の変化を遅らせる原因になる。

　似たような状況は、都市が急成長したときにも起こる。その痛ましい例がベルリンだ。ベルリンでは、第二次世界大戦後に空き地のままになっていた広大な土地で、1989年のベルリンの壁崩壊後に再開発と建築ラッシュが起きた。住宅開発のペースは、ベルリンへの流入人口に追いつかず、その結果、家賃が高騰した。流入人口に合わせて地方自治体や不動産投資家による大規模な開発を待つよりも、市民は必要な家を自分たちで建てるほうを選んだ。そして、法改正によって建築許可の手順が簡略化されると、処理のス

ピードが上がった。建物と建物、中庭と中庭のあいだの狭いスペースを利用したり、果てしなく広がる平屋の上に増築したりすることにおいては、民間主導の取り組みが問題解決の一助になった。手始めに、土地の所有者や市当局には、まるで隙間のように狭い土地でさえ売る許可が与えられ、さらにはそれが奨励された。こうして、個人が投資する金額に合わせて土地が細分化され、使われていない小さな土地——どれほど狭い土地であっても——にコンパクトな家が建てられた。細分化された土地の使用は、市民農園のように、恒久的でも一時的でもかまわなかった。一時利用の場合、土地は一定期間（一般的には60年間）地方自治体から借りる。そうすることで、空き地をそのままにして、土地をどんなふうにでも利用できるようにしておける。また将来、新たな都市問題に直面することになる次世代にとっても利点となる。

　民間主導の活動を許可することにまつわる政治的側面はさておき、それはシンプルに、人々が夢をかなえることを許すことだという見方もできる。建物と建物の隙間に階層的に快適な空間をつくる夢、地平線の低い都市の上にコンパクトな空間をもつ夢、地上に小さな家を建てる夢は、質の高い持続可能な生活への欲求と、そうした生活をつくり出すことに積極的にかかわる能力と関係している。

シグルド・ラーセン

Built-ins

ビルトイン

空間が以前より貴重になっている時代に、狭い部屋でニーズを満たしている人は多い。ビルトインは、ユーザーの要望に合わせてカスタマイズできる特別な解決方法だ。ビルトインにすれば特定の空間に合わせてカスタムメイドできるので、キッチンやバスルームはもちろん、収納場所からベッドやデスクといった家具、あるいは座る場所に至るまで、可能性は無限大。すべては予算と想像力次第である。素材をうまく利用すれば、一体感のある環境になり、狭いスペースをフル活用できる。

暮らすためのホテルの部屋

アムステルダムの東カナル地区にある、オランダの Concrete Amsterdam 社が手がけた〈ゾク〉は、マイクロホテルとして設計されている。"work-meets-play（仕事と遊び）" というテーマに沿って設計され、その空間づくりのコンセプトは〈ゾク〉

開放的なリビングのある
〈ゾク〉ホテルの部屋は、
オフィスと家と
ホテルのハイブリッド。
左下は入り口から
部屋に入ったときの眺め。

のスイートルーム133部屋で展開されている。1泊から数カ月まで滞在できるため、ホテルというより家のように感じられる空間づくりが重要視された。そのため、ベッドルームではなくリビングルームに焦点が当てられた。25㎡の空間の中に、開放感のあるリビング、キチネット、中2階にある隠されたベッドルーム、広い収納スペース、ベッドの下に隠された仕事用ス

ペース、客用にも仕事にも使える、天板に竹材を使用した大きなテーブルがある。天井には運動用の吊り輪が取り付けられている。中2階のベッドを使うときに利用する格納式の階段は、使用しないときは収納できる。ベッドスペースは木製のスクリーンで目隠しできるため、プライバシーを保ったり、メインのスペースから切り離したりすることもできる。

〈ゾク〉のロフトスペースは
"work-meets-play
（仕事と遊び）"という
テーマに沿って設計された。

左：中2階のベッドスペース。
左下：テーブル、椅子、ソファが
置かれ、アットホームな雰囲気。
このページ：階段は使わないときには
収納ができる。

白いフラット内の
緑の家

URBAstudiosによって、ポルトガルの都市・ポルト歴史地区の19世紀の建物内の部屋が、最大5名まで泊まれる賃貸物件に生まれ変わった。建物の最上階がアパートメントになっているため、建築家は13㎡の天井スペースまで利用した。アパートメントの部屋は緑と白のふたつの部分に分けられている。緑の部分は2階に分かれて、斜めの天井は昔ながらの家のようだ。白の部分は緑の2倍のスペースがあり、メインとなるリビングがある。緑の部分は1階にベッドを置くスペースがあり、梯子で上れる2階にももうひとつ寝室がある。パーティションとして細長い天然パイン材の板が使われているので、ベッドスペースのプライバシーを確保しつつ、開放感もある。

最上段：入り口からキッチンが見える。
上：梯子で上る2階には、
天井が斜めの、2つめの寝室がある。
左：部屋は、緑の追加スペースと
白のオープンプランという
ふたつのエリアに分かれている。
右：2階の寝室の天井は
屋根まで広げられた。

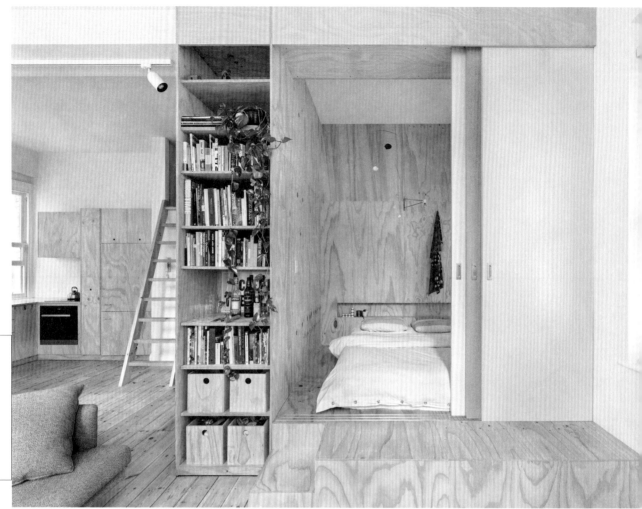

日本に触発された
ミニベッドルーム

メルボルンのCBD（セントラル・ビジネ
ス・ディストリクト）にある、歴史的建造
物に登録されたこのアパートメントは、
Clare Cousins Architectsによって、わ
ずか75㎡の家族向け住宅としてつくら
れた。伝統的な日本の家に触発されて、
新たにふたつのミニベッドルームが設け
られた。ひとつは、シングルベッドが置
かれた幅2mの部屋。もうひとつは、合
板のスライドドアで仕切られ、一段上が
ったところにベッドが置かれた部屋。床
から天井まである棚などによってベッド
ルームとリビングが分けられている。中2
階に来客用の寝台として使えるロフトス
ペースが追加されている。

一段上がったところにあるベッドのスペースは、
備え付けの合板の棚とピンクのスライドドアによって
リビングと仕切られているため、プライバシーが保たれる。
そのほかにも、棚板と一体化した合板製の収納がある。

スライドドアの
奥のベッド

オーストラリアのBrad Swartz Architectsは「都市のスプロール現象（＊）の必要性に挑戦すること」を目指し、都市部のための手ごろな価格の住居の選択肢として、シドニーにある27㎡のアパートメントを提供した。このアパートメントのオープンプランのスペースはふたつに分けられている。寝室と共有スペースを分けるためだ。キッチンを中央に移動させることで、共有のリビング、ダイニング、キッチンができた。ベッドルーム（基本的にベッドがひとつあるだけ）は、新たに設けられた収納壁の奥にあるため、オープンプランのリビングからは見えない。ベッドは白い戸棚と収納スペースに取り囲まれている。建築家によると、それらは最小限のスペースに最大限の収納スペースをつくるための「テトリスのピース」なのだという。

＊都市が郊外へ無秩序に拡大すること

収納ユニットがバスルームと
ベッドルームのあいだに埋め込まれ、
本棚、戸棚、デスク、テレビがある。
それらはすべてスライド式の
白いパネルで隠されている。

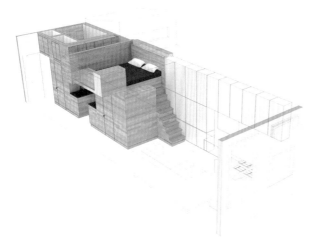

木を使ったビルトイン

Jordan Parnass Digital Architecture (JPDA)が、ニューヨークのイーストヴィレッジにある46㎡のアパートメントを、小さくて機能的なスタジオフラットにリフォームした。建築家によると、「クライアント（American Apparelの小売店開発主任）と彼のライフスタイルをこの部屋に埋め込み、クライアントの生活パターンが部屋を形づくる」ことを意図したという。収納が豊富なため、散らかったモノの山を隠すことができた。また、料理、掃除、着替え、睡眠のための機能的なスペースも確保されている。見事に入れ込まれた木製のパネルが、部屋の中央で重要な役割を果たし、ロフト形式のベッドスペースを生み出している。それによって約2m四方の空間が生まれ、ロフトの下にはウォークインクローゼットと収納スペースを設置できた。きれいに磨き上げられた木材のユニットと白い壁がコントラストをなしている。

左：整然としたアパートメントの秘訣とは？
豊富な収納スペース、中央部分の
いたるところに木製のパネルできれいに
隠された食器棚。
上：きれいなライン、大きな鏡、フレームレスの
シャワー室のパネルが組み合わさり、
狭いバスルームを視覚的に広く見せている。
下：足元を見ると、ベッドスペースに続く
ロフトの階段が引き出しを
兼ねているのがわかる。
右：中央のリビングには、光沢のある
白いキャビネットが、それぞれ壁に
埋め込まれている。リビングにはデスクと
テレビ台を置くスペースも。

収納が豊富なため、
散らかったモノの山を
隠すことができた

ベッドと
デスクの
ための部屋

台湾を拠点とするA Little
Designがリフォームした
のが、台北にある22㎡の
アパートメントだ。食事、
睡眠、仕事、エクササイ
ズなど、さまざまなこと
ができるコンパクトなス
ペース。建築家による

と、若い女性のためのアパートメントに必要なのは、帰宅後の「あたたかいお風呂と快眠」
だという。そのため、このような狭い面積では考えられないほど設備の整ったバスルーム
がある。ベッドルームは中2階、キッチンとバスルームの上に収まっている。直立できる
高さはないが、床に座って使えるデスクが備え付けられている。白塗りの壁、明るいオー
ク材の床、階段、棚板といったシンプルな素材が狭いスペースを明るくし、中2階に上が
る階段の白いスチール製の手すりがそれを際立たせている。

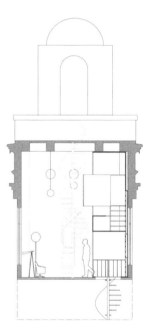

高くそびえるリビング・キャビネット

「屋根の上の部屋（Room on the Roof）」と名づけられたアーティスト招聘プロジェクトでは、アムステルダムのデパート〈de Bijenkorf〉のタワー内にデザイナーを招いて作業をしてもらう。i29 Interior Architectsが手がけたこの空間の特徴は、床から天井まで届く、垂直方向に設置された材木のボリューム感。その空間と、木製の梯子および黒い鉄製のらせん階段が組み合わされている。「リビング・キャビネット」と呼ばれる木製構造物には、パントリー、収納、デスク、長椅子が含まれている。部屋の反対側では、白いオープンスペースが対比をなしている。建築家によると、「屋根の上の部屋」によって『『不思議の国のアリス』の夢の世界にいるように、スケール感と知覚と戯れながら、ふたつの世界がひとつの空間に同時にもたらされる」。

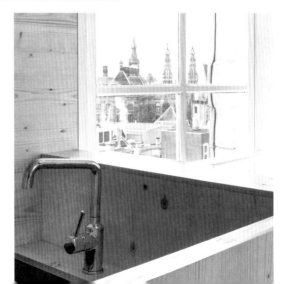

光の空間

閑静なパリ郊外にある20㎡のスタジオフラット、The Spectral Apartmentは、Nicolas Dorval-BoryとRaphaël Bétillonによって、自然光を最大限活用するという要望をもとに設計され、リフォームされた。内装は白で統一され、階段を使って中2階のベッドスペースに上る。その下には洗面台とバスルームが隠されている。斬新な照明テクニックによって、空間の錯覚が強められ、対照的な照明によってできたふたつの空間が、それぞれ独特の雰囲気を醸し出している。リビングの照明は演色評価数（＊）が高い。睡眠とシャワーのスペースでは単色の光が使用され、空間に金色の暖色を添えている。パーティションによってふたつの空間のあいだに境界ができ、それぞれの空間の照明コンセプトは異なる。

＊基準となる光に対して、使用する照明下での色の見え方の一致度を数値化した尺度

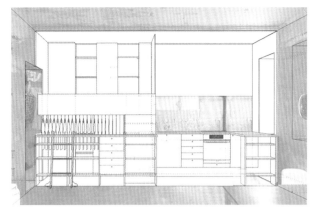

新旧の対比

ストックホルムにある36㎡のアパートメントは、2012年に売りに出される前の30年間は家具店として使われていた。1980年代に元のオーナーがアパートメントをリフォームしはじめたが、亡くなるまでに終えることができなかった。そのため、この空間はタイムワープのような状態に陥っていた。Karin Matz が空間のコンセプトを見直し、新しいものと古いものが組み合わされた。このアパートメントはふたつの要素からなる。ひとつは、IKEAのキャビネットやキッチンユニットが使われ、キッチン、ベッドルーム、ワードローブ、収納のためのビルトインスペースとしての空間。こうした新しく付け加えられたものとは対照的に、もうひとつの空間は未塗装の壁と独立した家具で構成されている。

特別に仕上げられた木製の変形壁

ロシアの建築家Vlad Mishinは、スペースを最大限活用するために一連の変形した要素を考案し、モスクワにある60㎡のアパートメントを設計した。このアパートメント内の特別仕上げの木製の壁には、いくつもの機能が隠されている。室内の一方の端では、ユニット式の壁によってリビングとベッドルームが分けられているが、壁を回転させるとテレビと収納が現れる。中央部では、蝶番のついたパーティションをスライドさせて開くと、大きなキッチンが現れる。黒い金属の枠組みと合板のパネルでできた壁は、蝶番で開いたり、回転したりする箇所があるため、うねっているよう見える。建築家によると、「鋭いカーブを描いた形は、ランダムなわけではなく技術的な特性によって形が決まり」、部屋の機能を決定する変形した要素を配置した結果だという。

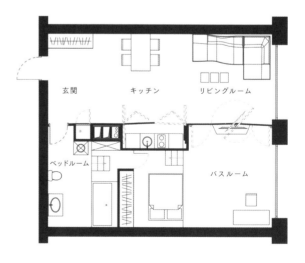

玄関　　キッチン　　リビングルーム

ベッドルーム　　バスルーム

上：波打った木製パネルを
使った壁はパーティション
としても機能する。
右上：テレビと収納の壁は
回転でき、ベッドルームでも
リビングルームでも
テレビが観られる。
右：蝶番で開いたり、
回転したりする壁の
向こうに、ベッドルームや
バスルームがある。
隠れたキッチンも現れる。

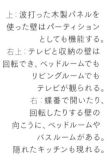

Modular
Minimalism
モジュール方式のミニマリズム

場所	アルゼンチン、ブエノスアイレス
居住者	1人
面積	32 m²

ブエノスアイレスにある機能的なアパートメント、そのコミュニティでのコンパクトな暮らしの鍵は、考え抜かれた設計にある。

建築家はどのようにして、家の中の空間を捉え直すのだろうか? どのようにすれば最小限のスペースを最大限活用できるのだろうか? 人はどうすれば自分たちの置かれた環境と調和して暮らせるのだろうか? 美的な意味でも持続可能性という意味でも高い基準を保ちながら、手ごろな価格の住宅を供給するにはどうしたらよいだろうか? これらは、IR Arquitectura——2008年にブエノスアイレスでルチアーノ・インティーレとアンドレス・ロジャースによって設立された建築家とインダストリアルデザイナーのユニット——が調査した課題を、いくつか挙げたものだ。Quintana 4598と呼ばれる彼らのアパートメント・プロジェクトでは、価格を抑えたコンパクトな暮らしを効果的に実現する方法が試みられた。

ブエノスアイレス北部の比較的閑静な住宅地であるサーベドラに、集合住宅が建てられた。そこからわずか6ブロックのところにオフィスがあるふたりは、数年前、近くで別の小さな集合住宅を手がけた。緑豊かな公園があり、近隣の住人がのんびり過ごしたり遊んだりできるため、ふたりはその点を高く評価していた。

通りから眺めると、5階建てのモダンな建物が周囲と調和しているのがわかる。ふたつの通りが交差する角にある

建物は、大きさや色やリズムという点でも、以前からある周辺の建物と釣り合っている。建物の1階の角が奥に引っ込んでいて、そこが入り口の屋根を兼ねている。そこからすぐに交差点の歩道に出られると同時に、歩行者がすれ違う際にちょっとした触れあいが生まれるような場所にもなっている。片持ち梁で壁面から突き出た箱のようなバルコニーは、それぞれ位置をずらして配列されていて、そうで

Quintana 4598には12室あり、16人が
住める。4階建ての各フロアには32㎡
の広さの3部屋と47㎡の広さの1部屋
がある。1階は駐車場と倉庫になってい
て、最上階には共有の屋上テラスがある。

狭いアパートメントでは常に収納スペースが
問題になるが、ここでは中心となる
ユニットの中や上部に一体化されている

上段：各部屋には、部屋の全長に沿って組み
立てユニットが設置されている。広いほうの
部屋では、寝室は仕切りの奥にある。
上：各階がオープン階段でつながっているの
で、居住者が気軽に出会う機会が生まれる。

なければ動きのない構築物となっていたところに躍動感を
もたらしている。文字どおり突出することで、外から注目
を集め、同時に壁面の奥に引っこむことで奥ゆかしさも主
張している。また、1階のガレージには波形の白い鉄製の
扉が帯状に連なっている。目の細かい金網で覆われた黒い
壁面には緑のつるが一面にからみ、生きた外壁となり、季
節ごとに外観を変化させる。

　建物の内部には、クリエイティブな分野で働く16人の
若いプロフェッショナルがコンパクトかつ楽しく暮らせる
ような工夫が施された。12室あり、1㎡の無駄もないよう
にわずかなスペースも活用されている。各階には、高台に
面した32㎡の小さな部屋が3つと、47㎡の部屋がひとつ
ある。

　部屋の広さに関係なく、各ユニットは同じ方針のもとで
設置された。部屋の全長に沿って組み立てユニットが設置
されているため、住人の要望や優先順位に合わせて使える
ように、室内には広いスペースが残されている。狭いア
パートメントでは常に収納場所が問題になるが、ここでは中

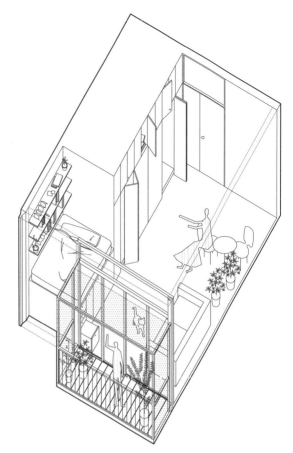

左：バルコニーには大きなガラス製スライドドアを使用し、そこから入り込んだ光と空気が空間を満たす。それによって住人が周辺の環境とかかわりをもてる。上：機能的な間取りのおかげで開放感が増す。

心となるユニットの中や上部に収納スペースが一体化されている。バスルームとキッチンはそれぞれ3㎡。狭いほうの部屋には、引き出しの上にベッド用の3㎡の空間がある。引き出し2つ分が階段になる。広いほうの部屋はバルコニーも大きく、収納スペースも多い。寝室はパーティションでリビングと仕切られている。

　コンパクトな暮らしを単純化された取り組みにしてしまうと、設計者が手を抜く恐れがあり、住人の満足感を損なうだけでなく——狭苦しい空間は閉所恐怖症や社会からの孤立につながるかもしれない——、デザインの妨げにもなる。そうならないために、バルコニーには大きなガラス製スライドドアを使用し、そこから入り込んだ光と空気が空間を満たす。それによって住人が周辺の環境とかかわりをもてる。バルコニーの側面と屋根は硬質な素材で囲う代わりにキャンバス地が張られている。そのため、バルコニー

Quintana 4598の場合、「効率性」とは、サイズが小さいだけでなく環境フットプリントが小さいことも意味している

を覆う分量をある程度調節できる。エレベーターに加えて、各階はオープン階段でもつながっているので、居住者が気軽に出会う機会が生まれる。建物の最上階には共有スペースがある。囲いのある多目的スペースは誰でも利用でき、緑豊かな屋上テラスに面したプールもある。みんなで集まってバーベキューを楽しむ場でもある。

建築家のルチアーノ・インティーレはこの建物の狭いほ

うの部屋で暮らしているが、家賃は周辺と同じぐらいだという。彼は「これくらい小さな建物では、屋上に施設があるのはめずらしいし、このあたりではめったにない」と続けた。そうした要素は贅沢なものではなく、この建物が社会とかかわるという意味で欠かせないものだとみなしているという。

さらに、住人のあいだでコミュニティ意識を高めるため

　＊微生物によって有機物を分解し、ガスや肥料をつくる装置

左：屋上はコミュニティ全体で使えるよう開放されている。囲いのある多目的スペースは誰でも利用可で、プールだけでなく緑豊かな屋上テラスもあり、集まってバーベキューができる。

に、参加型の環境配慮を促進している。建物には水の再循環システムがあるので、水の平均使用量と比べて10パーセント減らすことができ、生ゴミからエネルギーを生み出すバイオダイジェスター（＊）もある。また、湯の供給に役立つソーラーパネルも6枚設置されている。Quintana 4598の場合、「効率性」とは、サイズが小さいだけでなく環境フットプリントが小さいことも意味している。

Room Dividers

間仕切り

スペースがあまりない場合、分割された空間では壁が重要な役割——何か機能が加えられたり、プライバシーを確保したり、見た目で分類したり——を果たす。パーティションは保管用にふたつに折りたためることが多く、持ち運んで調節できるので、空間の性質が変わってもその空間に合わせられる。ミニマリストの印象を与えるガラスのパーティションから、もっと手の込んだアコーディオン型のスクリーンや金属製のルーバーまで、素材感も部屋の空気を決定するために重要だ。

木製ボックスと本箱

Joanna Kubieniec による、ポーランドの85㎡のアパートメントは、バスルームを隠してベッドルームへの動線となる木材ユニットが特徴的だ。このユニットは広げると本棚とパーティションになる。本棚の前のスライドパネルによって、リビングのスペースを完全に閉じた空間にできる。反対方向にスライドさせれば、本棚を隠してアパートメントのほかの場所とつながるようになる。

ガラスとスチールの
パーティション

建築家のマニュエル・オカーニャは、マドリードの51㎡のアパートメントを17㎡の3つのスペースに分けた。マニュエルによると、「従来のパーティションやドアがない」ことと、「天井までの高さに光を通さないものをなくす」ことがコンセプトだという。各スペースは、家具かU字型の粗鋼の部品を使用したガラスのパーティションで分けられた。ほかの場所では、鏡を使って空間を分けることで周囲の素材が鏡に映り込み、方向がわからなくなる不思議な感覚が生まれている。

上と右上：ガラスがはめこまれた
スチールフレームのパネルが160枚以上あり、
透明なパーティションとして使われている。
右：床にはさまざまな素材が使用され、
アパートメント内の広いスペースを
それぞれ区切っている。

スタッキング・シェルフ

デンマークの建築家、JDSによるスタッキングする棚のシ
ステムでは、積みあげられた棚をランダムにアレンジした
り、格子状にしたり、特別なニーズに合わせてさまざまな
方法で組み合わせることができる。棚の大きさは、だいた
い一般的に収納されたりディスプレイされたりする物のサ
イズで設計されている。棚には3つのサイズと3色のカラ
ーがある。棚同士は小さなクリップでつなげられ、無数の
組み合わせで簡単に何度でもアレンジできる。

本棚の壁

ジェノバの家族向けの家のために、ジェノバを拠点とする建築家、オーレリー・モネ・カシシは広い2部屋を4部屋に分ける壁となる本棚を設計した。子ども部屋に設置されたひとつめの本棚には子どもサイズの小さなドアがついていて、そこから出入りができる。壁には舷窓のような丸い穴も開いていて、向こう側を見ることもできる。左：壁に開けられた舷窓のような穴から、子どもたちは向こう側を見ることができる。下：本棚にはオイルフィニッシュのパイン材が使われ、各本棚は、古いレンガや造園用の素材でつくられた積み石のような基部の上に置かれている。

L字形の木製パーティション

日本の神奈川にあるアパートメントでは、sinatoによってL字形のパーティションが設置され、新しくふたつのベッドルームができた。新たに中央に設置された木製の壁で64㎡のスペースが分けられ、棚、座る場所、収納、囲いのあるメインのベッドルーム、その反対側にあるゲストルームがつくられた。木製のユニットと、築26年になるコンクリートの構造とグレーに塗られた壁でコントラストができ、素材の色合いに触感を生み出している。木製ユニットの外側の上部には採光用の細長い高窓があり、そこを通ってベッドルームの空間に光が流れ込み、開放感をもたらす。sinatoによると、木製のパーティションは「絵をかけたり、本を置いたり、転げまわったりする家具の大きな一部分であり、家をひとつにするシンボルになる」そうだ。

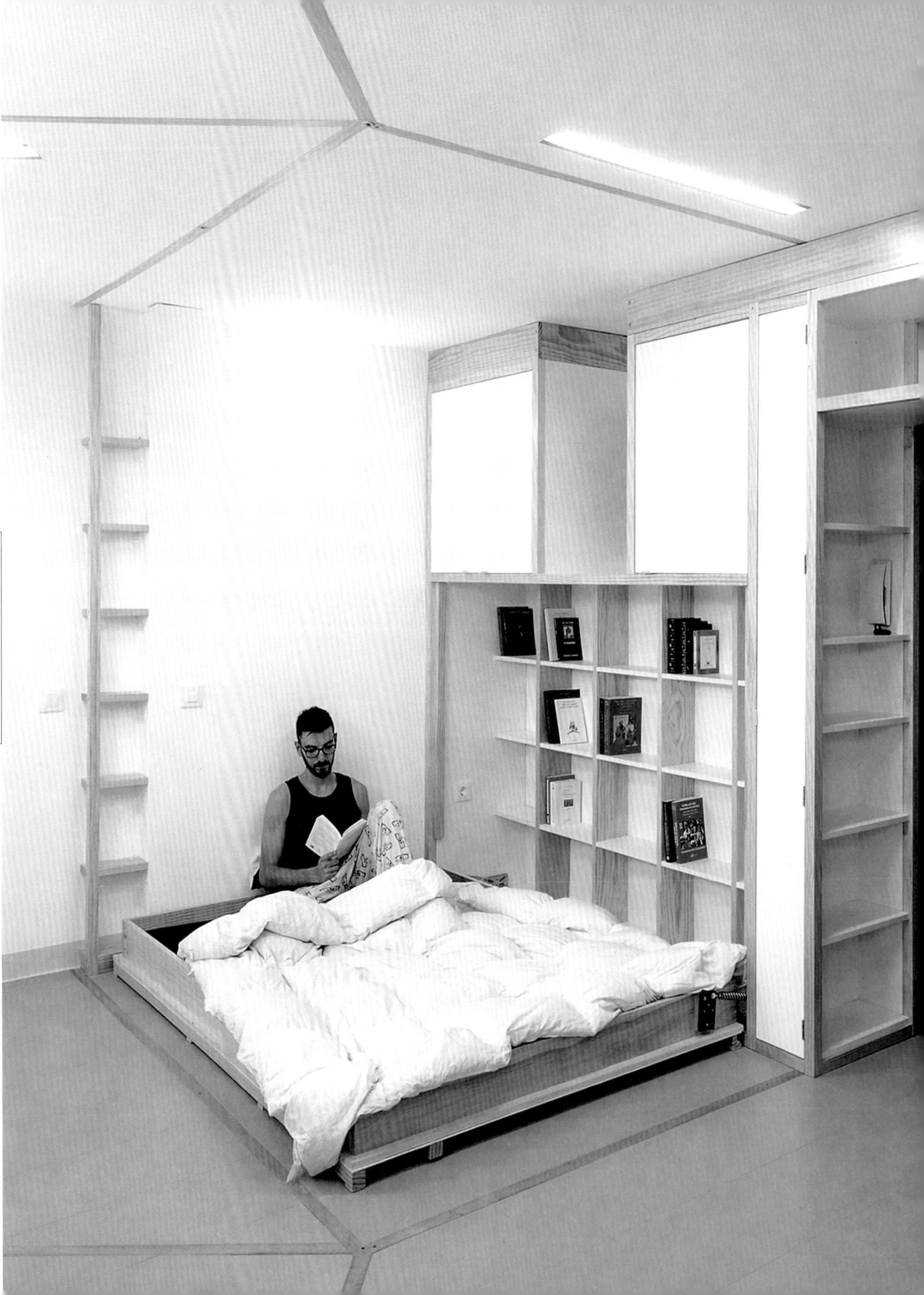

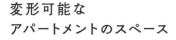

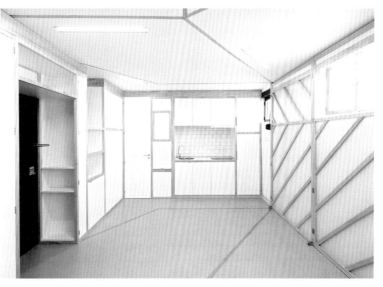

変形可能な
アパートメントのスペース

地元の企業であるeliiによってリフォームされたマドリードのフラットは、何度でも再構成できる、変形可能な25㎡の空間だ。メインとなるリビングのふたつの壁を取り巻くL字形のユニットには重要な機能があり、必要なら折りたたんで、ベッドとテーブルだけでなく、備え付けの収納、キッチン、バスルームも収納できる。このコンパクトで空間的なアレンジによって、メインのスペースをさまざまな用途で自由に使える。この広くて何もないスペースは、キャスター付きの木製のスクリーンを壁からスライドさせて、仕切ることもできる。床に示された木製のラインがガイドとなり、スクリーンを固定すると小さなリビングルームとベッドルームに分けられる。蝶番付きで固定できるほかのユニットとスクリーンを組み合わせると、キッチンやベッドルームを閉じるなどさまざまなアレンジができる。eliiによると、「室内の舞台」を変え、「室内の劇場」として機能する設計だという。

日常生活のための
ユニット

マドリードを拠点とするZooco Estudioが、36㎡のアパートメントを、ル・コルビュジエのモデュロールに捧げるような形でつくりかえた。ベッドルームの従来の形を変えるために、日常生活の順番をもとに設計されたユニットが生み出された。5つの異なるユニットはそれぞれ、睡眠、仕事、入浴、着替え、音楽鑑賞や読書といった娯楽のためのスペースとして使われる。入浴や睡眠といったプライベートな行為を含むユニットは部屋の端に設置され、共有の機能をもつユニットは部屋の中央か窓の外に向くように設置されている。鏡の壁、木の床、各ユニットのガラスモザイクはデザイン的な美しさの調和が見事だ。

Room Dividers

左：シャワーとバスルームは、
外から見えない
プライベートな
ユニットの中にある。
上：ひとつのユニットは
ワーキング・デスクとして、
別のユニットは座って
読書するためのものとして。
右：各ユニットはそれぞれの
行為のためのスペースとして
使われる。

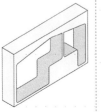
入浴

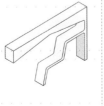
着替え

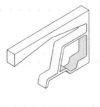
読書

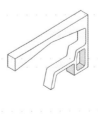
仕事

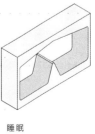
睡眠

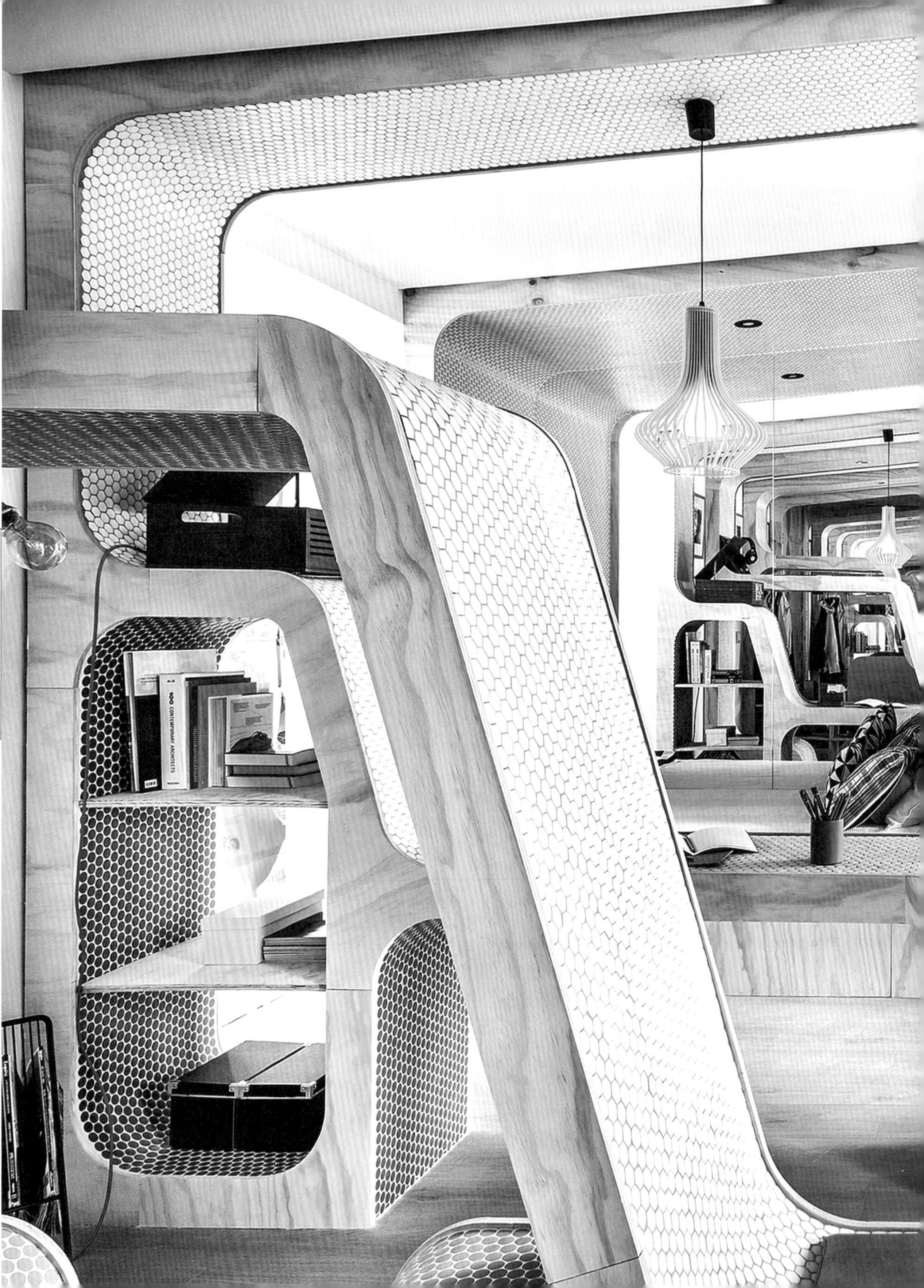

右：3、4階では、中央のユニットがベッドルームを隠し、同時にキチネットにもなっている。
下：建物全体を貫く高さ9.6mのユニットが建物の中心となって、空間をさまざまな機能に分けている。

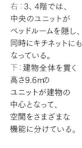

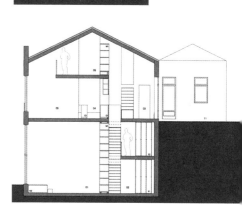

ショップ、ギャラリー、家

URBAstudiosは、ポルトガルのポルトのアーティストのためにこの家をつくり直した。この建物は元々は店と家とに分かれていて、ふたつの部分はつながっていなかったが、ビルの改築の一環として内装が取り払われ、家と店を隔てる壁だけが残された。1階は通りから入れる店とギャラリーに、上の階は居住スペースになった。階段によって支えられた高さ9.6mのユニットが各階を分けるパーティションになり、ベッドルームを囲っている。それによって、スタジオと1階と2階の倉庫エリアが分けられている。同時にその部分は、顧客の絵や彫刻を置いておく大きなサイズの棚になっている。3階は木造の増築部分がキッチンにとして使われ、中4階では仕切りの部分が棚として利用される。配向性ストランドボード（OSB）でつくられた中央のユニットは、建物の壁、天井、木のパーツといったほかの部分の白とグレーの色あいとコントラストをなしている。

ひとつのスペースに
5つの機能

ニューヨークを拠点とするマイケル・K・
チェンは、都市部のコンパクトな住居の
アイデアを発展させた。その結果のひと
つが、〈5：1アパートメント〉だ。これは、
生活、仕事、睡眠、着替え、娯楽の要素
を36㎡のスペースに加えたもの。1920
年代につくられたマンハッタンのアパー
トメントの形を変え、キッチンとバスルー
ムを拡張してリフォームすると同時に、
メインとなるリビングルームを仕切れる
特注のスライドするユニットを加えたの
だ。電動式の収納ユニットが部屋の端か
ら反対側までスライドし、日中の仕様か
ら夜の仕様へと部屋の形を変える。ユニットが動くと、備え付
けの引き出しとワードローブが現れ、完全にスライドすると、
折りたたまれたクイーンサイズのベッドが出てくる。ベッドを
収納すると、ベッドルームのスペースはリビングとワークスペ

ースへと変わる。スライド用のレール、電動部分、可動式家具
の構造は、このプロジェクトのために特注されたもので、最新
式のハードウェア・コンポーネントが使用されている。

左のページ：日中、棚には本、コンピューター、
プリンターがあり、ワークスペースになる。
このページ：夜になると、スライド式のキャビネットが動いて、
リビングスペースの形を変える。
ある程度スライドさせると、ドレッシングルームが現れる。

ユニットを完全にスライドさせると、
ベッドを出せるスペースができる。

5分で家から仕事場に

マドリードを拠点とするPKMN Architectureが手がけた〈All I Own House〉では、数分で部屋を家から仕事場に変えることができる。部屋の端から端まで動かせる収納ユニットによって、さまざまな用途に適した空間を生み出せる。キッチン、ベッドルーム、収納スペースが、手触りのある配向性ストランドボード（OSB）でつくられたこの3つのユニットに収められている。シンプルな工業用レールとキャスターが使われているので、ユニットは部屋の片側に沿って動かせる。また、仕事用の椅子、折りたたみ式ベッド、棚などは必要なときに取り出せる。折りたたみ式のキッチン用テーブルもユニットのひとつに収められている。キッチンを隠すと、ユニットの扉にある大きな円形の黒板が現れ、クライアントとの打ち合わせ中にそこにスケッチできる（この部屋の住人はデザイナーだ）。別のふたつのユニットにはそれぞれ、折りたたみ式ベッドと、可動式ドレッシングルーム機能つきの収納棚が収められている。

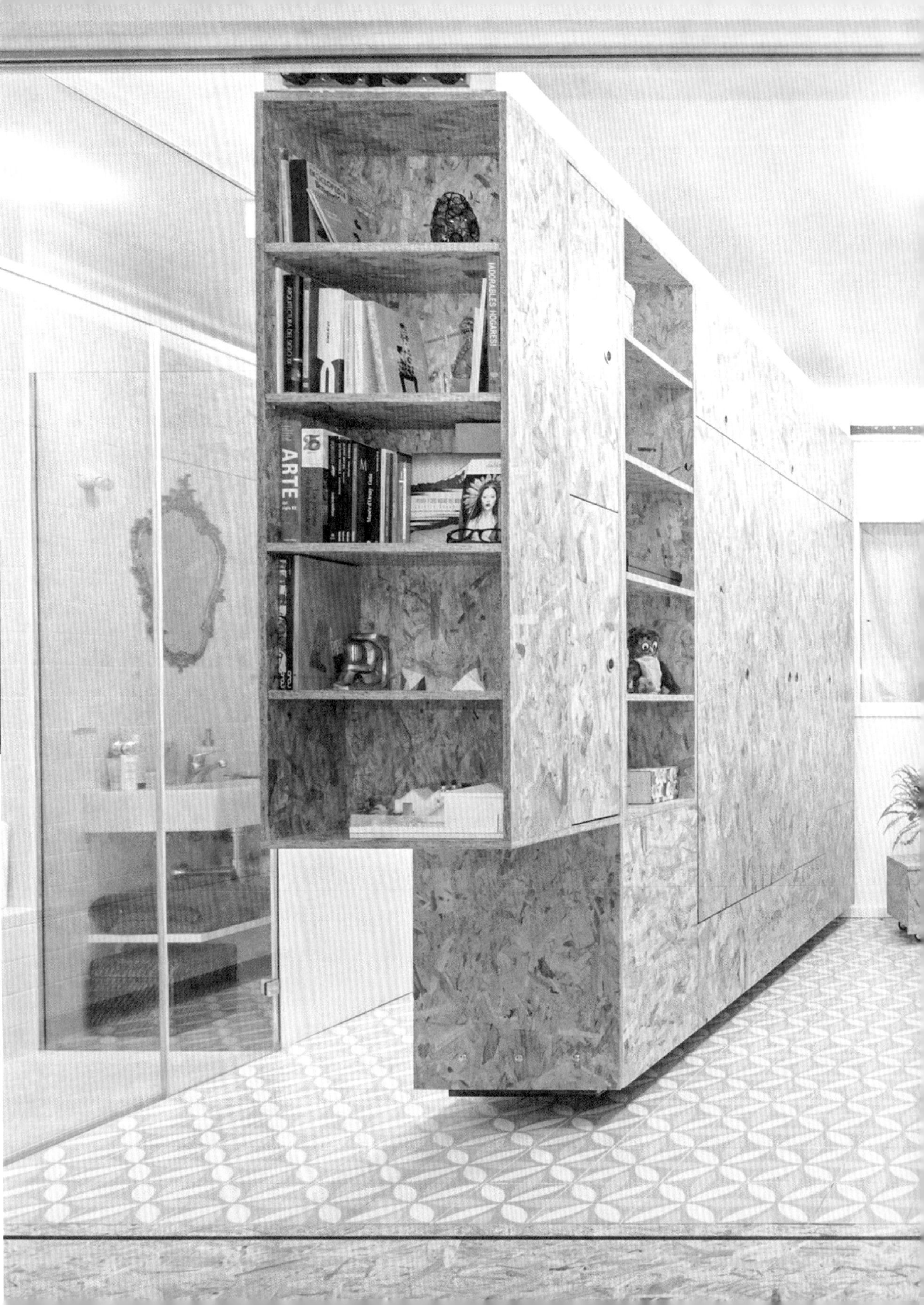
ARTE

Seating

座る

たとえ小さな家であっても、ほとんどの家にソファがある。ソファはリビングのインテリアに欠かせない——そこに座り、休憩し、一時的に何かを置き、眠り、テレビを観て、親しい友人とお茶の時間を楽しむ。だが、見た目的にも実質的にも、ソファほど場所をとる重たい家具はない。スペースが貴重な家の中で、ソファには場所をとられてしまう。しかしありがたいことに、この問題には解決策がある。空間の中にソファを組み込んだり、収納として使ったり、動かせるものにしたり、完全に隠してしまうなど、選択肢はたくさんある。

収納の片隅

オランダの家具デザインスタジオ Tas-ka の店の片隅で、Tas-ka のシーツと枕が展示されている。アルコーブ（＊）の周りにある木製の戸棚には、店の近くのスタジオでつくられた生地が収納されている。

＊部屋の一部を引っこませてつくった小空間

IKEAのソファ

このアパートメントでは、スウェーデン人のデザイナー、エマ・フィッシャーがIKEA PSコレクションのシンプルなソファを使って、部屋のコーナーに居心地のよい場所をつくっている。

壁に
備え付けの
読書用ベンチ

プラハにあるプレハブのア
パートメントを改築したこ
の建物では、BY Architects
の手によって、壁に白のラ
ッカーで塗られた合板製の
ベンチが備え付けられた。
木製の本棚の中にあるため、
この小さな憩いの場は読書
するのに適している。

Seating

シンプルな
木製のソファ

このソファには、淡い色調
とシンプルな自然の素材と
いう北欧の美意識が表れて
いる。単純な木製の構造は
軽やかな印象を与え、脚が
細いのでソファの下のスペ
ースは収納に使える。

箱型のシート

シドニーにあるこのアパートメントでは、オーストラリア人のデザイナー、ニコラス・ガーニーが生み出したユニット式のシステムが、限られたスペースの中で多くの機能を担っている。ユニット式のシートには収納部があり、使う人のニーズに合わせてソファの場所を移せる。本棚に支えられたテーブルは、押し下げると、仕事や食事に使えるスペースになる。座席ユニットの位置を変えると、ゲスト用のシングルベッドにもなる。ユニットの高さは窓枠の下と同じ位置になるように作られていて、切り抜かれた取っ手部分を持てばユニットは簡単に動かせる。

ユニット式のシート

この座席スペースは LifeEdited2（＊）の
プロトタイプの一部としてつくられた。
32㎡のこの部屋は、居住者に「より
少ないが、よりよい」ライフスタイル
を提供するように設計されている。ユ
ニット式のシートには収納があり、ふ
たつ合わせればゲスト用のベッドにも
なる。

＊デザイナー、グラハム・ヒルが手がけたニュー
　ヨークのアパートメント

座れるアルコーブ

A Little Design は、備え付けの家具を
利用して、台北にある22㎡の小さな
フラットを改築した。台北では、大き
な家の代わりに小さな家が売れている。
フラットのメインとなる木製のキャビ
ネットは、アルコーブの中に備え付け
られ、ソファとして使えるように畳が
敷かれている。

合板の壁の中

ミラノにある28㎡の小さなフラットを広いアパートメントのように居心地よくするという問題に、Studio Wokは見事に応えた。合板製のふたつの壁を使って、ダブルベッド、本箱、さらには収納、エアコンディショナーのユニットまでも収めたのだ。キャスター付きのソファは合板のユニットの下から引き出せる。使わないときは、壁の中に戻せば広々としたリビングになる。

Perfect Fit

完璧なフィット

場所	イタリア、フィレンツェ
居住者	1人
面積	42㎡

**イタリアのモダニズムの精神は、
シルヴィア・アローリのフィレンツェにある
住居兼オフィスの中に時を超えて生き残っている。**

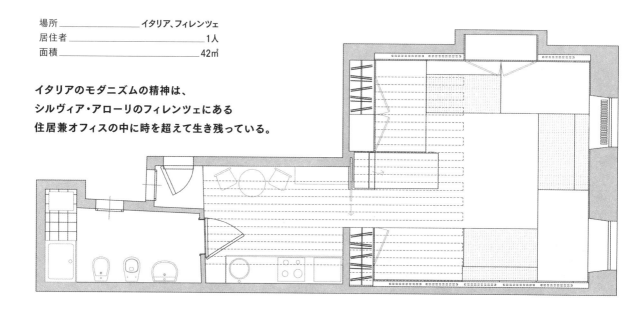

シルヴィア・アローリは、このアパートメントに出会ったことを運命だと信じている。彼女はフィレンツェを拠点としたインテリアデザイナーであり、経験豊富な建築家だ。アルノ川の南岸に位置する活気あふれたオルトラルノ周辺で、彼女は物件を探していた。多くの観光客がいる街の中心とは違って、この地区はある種の"ルネサンス"が起きていて、職人、ギャラリー、しゃれたデザインのホテル、ファッショニスタ(*)、グルメな人々が引き寄せられていた。狭い路地をぶらぶら歩いていると、アローリは「地面に落ちている古い鍵や硬貨、カラフルなサイコロを次々に見つけ……まるで不思議な力でそのアパートメントに導かれているようだった」という。

アパートメントは賃貸ではなく売りに出されていた。しかしアローリは、この機会を逃してはならない、このアパートメントは購入のための煩わしいハードルを乗り越えるだけの価値があると感じた。歴史的な邸宅(バラッツォ)の中にある42㎡の部屋は、モダニストの宝石だった。建築家であるアローリの父が、彼女が気づいたことを裏づけてくれた。「ひと目見た途端、父はこのアパートメントがロベルト・モン

サニのスタイルだとわかった。オーナーに確認もとれた。1970年代、フィレンツェの上流階級のあいだでモンサニの物件は非常に人気があった」とアローリは言う。1929年に生まれたモンサニは、国際的にその名をとどろかせていた。1970年代に発表したモンサニの代表作、壁面収納家具「Life」で、イタリアのデザイン会社Acerbisと長いパートナーシップを結んだ。1950年代後半から1970年代にかけて、モンサニは住宅の依頼をジャンカルロやルイージ・ビコッキと共同で受けた。そのなかには、トスカーナにおけるロッカマーレの森林開発に際して建てられた、モダニストの手による印象的なヴィラもいくつかあった。

当時の多くのイタリア人建築家と同じように、モンサニたちは生活のためのユニット式デザインを研究した。彼らの作品は考え抜かれた建築とデザインの共生を反映していた。モンサニを含めて3人でデザインした「Component Wall and Ceiling System(コンポーネントの壁と天井システム)」では、キッチン、コンバーチブル型のベッド、収納、棚、ルーフユニット、オーディオシステムが組み合わされた。このシステムは、1972年にニューヨークのMoMAで

左：木製の多目的ユニットは、ローテーブルの天板として、座席として、ベッドとして使用できる。壁に開けられた穴にさまざまな組み合わせで本棚やペグを差し込める。テーブルを倒すと、隠れていた本棚が現れる。

開かれた『イタリア——新しい国内の風景』という歴史に残る展示にも出品された。展示された作品はデザインに対する革新的で全体論的なアプローチの好例であり、家庭内におけるより日常的な行動パターンのために、多様な形で配置して使えるように工夫されていた。

アローリのアパートメントも同じような意図でつくられたため、「空間に対してあらゆる細部までヒューマン・スケールで気を配る」というモンサニの考えが反映されている。25㎡以上の中央の部屋には、木製の多目的ユニットが設置され、ローテーブルの天板として、座席として、ベッドとして使用できる。白いラミネート加工された壁には穴が開けられ、そこにさまざまな組み合わせで本棚やペグを差し込める。キャビネットは隙間の中に見えなくなり、壁からパネルを倒すとテーブルになって、隠れていた本棚が現れる。ラジオはユニットの台の中に埋め込まれているが、時代遅れの電気配線ながら今でも使用できる。埋め込まれた照明が、壁の塗装の後ろからだけでなく天井からも室内を照らし、空間を特徴づける一連の梁が玄関から続いている。

すぐにでもリフォームする必要があったにもかかわらず、

「小さなフラットが好き。
巣の中にいるみたいに、
守られている気がするから。
以前に住んでいたところは、
庭のまん中にある
19㎡の家だった」

した。木製のユニットは上質のイタリア製の布で覆う。アローリが加えた暖色の素材は、オリジナルの白のままの壁、天井、空間のもつ硬質な形状とバランスが取れている。フィレンツェと、アローリのパートナーの住むミラノを往復する生活をしている彼女にとって、このアパートメントは理想的な大きさだ。「小さなフラットが好き。巣の中にいるみたいに、守られている気がするから。以前に住んでいたところは、庭のまん中にある19㎡の家だった」。独立したインテリアデザイナー兼デザインコンサルタントとして働くには、居心地のよいホームオフィスで十分だという。彼女は海外のクライアントとはインターネットで打ち合わせをする。コンパクトな暮らしを通じての「訓練」と、フレキシブルな仕事と生活環境が組み合わさったアローリがいつも部屋をきれいにしているので、彼女が不在のときには、誰かがその家に滞在できる。田舎で暮らすアローリの母は、アローリが旅行するとき、都市にある別宅のようにこの部屋を使う。長期で不在にする際には誰かに貸してもいいとアローリは考えている。

このアパートメントは1970年代の魅力を携えていた。その優れたデザインスキルを用いて、アローリはアパートメントを21世紀仕様に変えた。バスルームからアパートメント後方に向かうスペースと玄関ホール——ここにはキッチンもある——は、現代的な設備に改築された。古いバスタブはシャワーに交換され、余ったスペースに洗濯機が置かれた。旧式の電気コンロの代わりに、アローリはエネルギー効率のいいオーブン付きのガスコンロを設置した。キッチンを隠す折りたたみ式の扉をなくし、使わないときにキッチンスペースを隠せるように金箔の布をカーテンとして使って、やわらかくて明るい雰囲気の空間を演出している。古いグレーのタイル張りのバスルームと廊下は、メインルームの擦り切れたビニールの床とともに、木のように見えるがメンテナンスが簡単で高価なハイテク素材と交換

1972年の『新しい国内の風景』展では、近未来のビジョンに取り組んだ作品が数多く発表され、注目を集めた。そうした作品は、国内の生活を見直し、ラディカルなデザイン集団Superstudioが同展で提唱した「永遠に遊牧生活（ノマディズム）」を可能とする未来を表していた。その時代に考えられたアローリのアパートメントの設計には、それほど革新的な意図はなかったかもしれない。だが、その柔軟性のある美と用途は、時を超えて半世紀近くたったあとでも、現在の新しいノマドワーカーにとっての完璧な住居といえる。

Beds

ベッド

どんな家であっても、眠るためにベッドを置く必要がある。しかし、ワンルームのアパートメントに住んでいて、整えられていないベッドが目立ってしまうのは、理想の状態とはいえない。さらにいえば、ほとんどの場合、部屋でいちばん大きな家具はベッドなので、設置するためのスペースを見つけるのにも一苦労する。中2階や隙間のスペースにベッドを置いて見えなくする方法から、ベッドを家具の一部として部屋の中心にしてしまう方法まで、長い一日のあとに元気を取り戻すための部屋、居心地のよい、機能的な部屋をつくる方法はたくさんある。

アルコーブの中のベッド

19世紀の家の中にあるスタジオアパートメントでスペースを確保するために、ポルトガルの建築事務所depAは、元々あるこの時代の建物の特徴を活用した。既存のアルコーブの中にベッドをぴたりと収めたのだ。アーチの上部にかけられたカーテンによってプライバシーが保たれ、リビングから見えなくなる。

シンプルな
白いベッド

Vlad Mishinは、モスクワのアパートメントにシンプルな白いベッドのユニットを設置した。ベッドの足元側の階段を上ると、収納の一部に見えるドアがあり、その先にはバスルームがある。

北欧スタイルの背の高いベッド

雑然としたものを排し、明るい色の壁と家具を使うことによって、Studio Oink はドイツのヴィースバーデンにあるアパートメントのベッドルームを落ちついた空間に変えた。北欧スタイルの木材の美しさが引き立つ背の高いベッドは、窓のそばに設置され、その下には収納スペースがある。

本に囲まれた作家のベッド

By Architects が手がけた、プラハに住む作家のためのリノベーションでは、生活に必要なものだけでなく、合計42 m以上もある本棚を設置しなければならなかった。空間の制約が厳しいなかで要件を満たすために、ベッドは巨大な本棚の壁の奥にはめ込まれた。

親子のための
ベッドルーム

TENHACHI ARCHITECTS AND INTERIOR DESIGN がリノベーションした神奈川のアパートメントは、同社の建築家とその6歳の子どものために設計された。間取りが変更されたのは、広いオープンスペースをつくり、そこにふたつの箱のようなユニット家具を設置するためだ。ユニットのひとつはベッドスペース。下のスペースは親のため、上階の天井に近いスペースは子ども用だ。

斜めの壁に隠れた
ベッド

シドニーにあるスタジオアパートメントは、地元のCatseye Bayがリフォームを手がけ、パーティションの機能をもつ木製のユニット家具が特徴的だ。リビングの片側の壁から斜めに突き出た巨大なユニットは、片方がワードローブになっているだけでなく、その裏にはベッドと別の収納が隠れている。斜めに設置することで、玄関からベッドが直接見えないため、プライバシーが保たれている。ベッドの足元側には木製のベンチソファもある。

マイティ・マウスに
ぴったりのアパートメント

ニコラス・ガーニーが設計したシドニーのウー
ルムルーにあるアパートメントは、オーストラ
リアで急増している単身者層のための新しい生
活を提案している。このアパートメントはわず
か4週間、3万670米ドルほどでつくられた。
27㎡のスペースに木製のユニットが壁一面に
はめ込まれ、そこに玄関スペース、収納、バス
ルーム、ベッドスペースが備えられている。鮮
やかな色の木製ユニット内の各エリアをスライ
ドドアで閉めると、部屋はリビング、ダイニン
グ、必要ならベッドルームとして使うこともで
きる。ユニットの黒、黄、赤の配色は、アニメ
『マイティ・マウス』にインスパイアされたも
ので、アパートメントの名前の由来でもある。

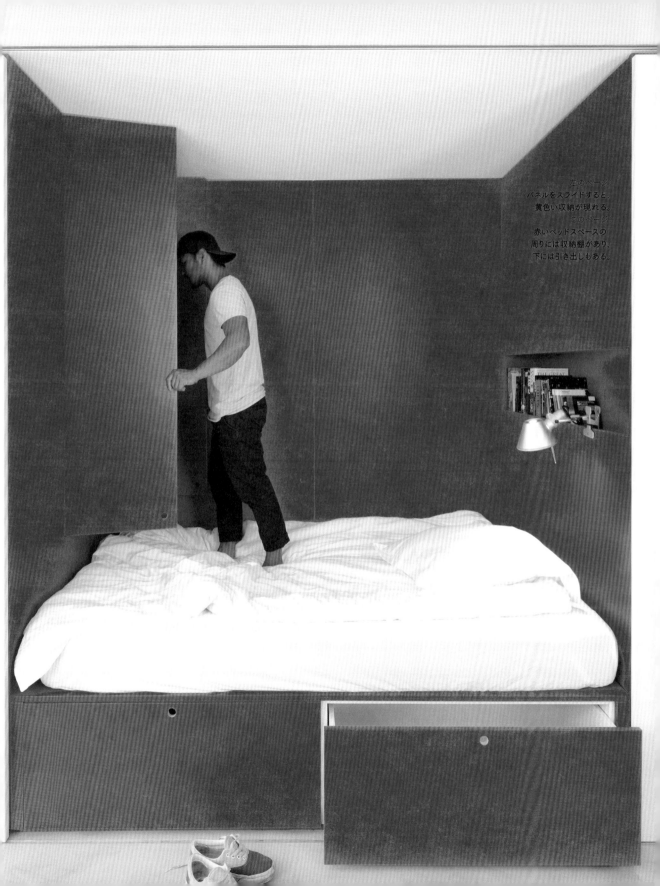

左のページ
パネルをスライドすると、
黄色い収納が現れる。
このページ
赤いベッドスペースの
周りには収納棚があり、
下には引き出しもある。

Beds

フェルト生地のアコーディオンカーテン

エコウェブサイト Treehugger の創設者、グラハム・ヒルが設計した
27㎡のプロトタイプの家の特徴は、勉強部屋からバーや来客用のベッドルームに変わるゲストルームだ。フェルト生地のアコーディオンカーテンを引くと、ゲストルームが隠され、プライバシーが保たれる。

合板の壁から現れる
折りたたみ式ベッド

ミラノにある28㎡のアパートメントのリビングを最大限活用する
ためのものを、Studio Wokは設計した。合板のパネルで覆われ
た2枚の長い壁によって、バスルームとキッチンに向かうスラ
イドドア、ワードローブ、収納、折りたたみ式ベッドが見えなく
なっている。使わないときはきれいに折りたたんでおけば、部屋
からベッドは隠され、広々としたスペースが生まれる。

宙に浮いた箱の中のベッド

Emmanuel Combarel Dominique Marrec Architectes が手がけたのは、アーティストのアトリエだった部屋だ。そのベッドルームは天井からぶら下がる箱の中にある。オープンプランのリビング中央にぶら下げられた空間は、床とは接地せず、1階と中2階にまたがっている。建築家によると、「このベッドルームはフラットのまん中にある小屋みたいなもの」だという。部屋のまん中にベッドルームを設置することで、プライバシーの考え方が逆転している。リビングがプライベートな空間として隠されて、ベッドルームのほうがオープンで見えるようになっているのだ。

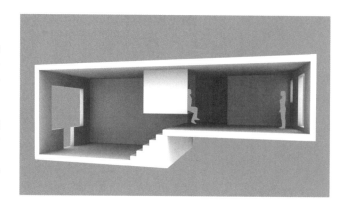

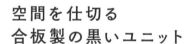

Beds

空間を仕切る
合板製の黒いユニット

シドニーの建築家、ニコラス・ガーニーは、21㎡のスタジオアパートメントに、その場で組み立てられる、黒い合板製のユニットを据えた。このユニットによって空間が細かく分けられ、キッチン、ベッドルーム、隙間のスペース、収納と、いくつもの場所が確保された。ベッドは、スライド式デスクと扉によってほかのスペースからは見えない。壁と壁をつなぐ、高いところに設けられたスチール製の飾り棚によって、スライドドアのレールが隠れるだけでなく、収納ユニットが支えられ、途切れなくデスクがスライドできる。

最上段：高いところに
設けられたスチール製の
棚で隠れている
レールによってデスクと
スライドドアが動かせる。
上：閉め切ると、
ベッドルームはドアと
デスクで完全に隠れる。

箱入りベッド

ハリー・ターラーがデザインした、イタリアのアーティストの部屋に設置された木製の箱には、さまざまな機能がある。ここはMUSEION (Museum of modern and contemporary art) で活動するアーティストがワークショップや研究をする場所でもある。キャスター付きの木の箱の中には、シングルベッドとダブルベッドがある。一見したところワードローブのようなユニットを開くと、シングルベッドが現れる。ダブルベッドは木の箱に入っていて、扉を閉じれば、アパートメントに誰かがいるときにもプライバシーが保たれる。ユニットにはキャスターがついているので、好きなところに動かすことができる。ユニットには備え付けの棚があり、調和のとれた照明もついている。デザイナーによると、このベッドの狙いは「実際の家の中にある小さな家」のようにすることだという。

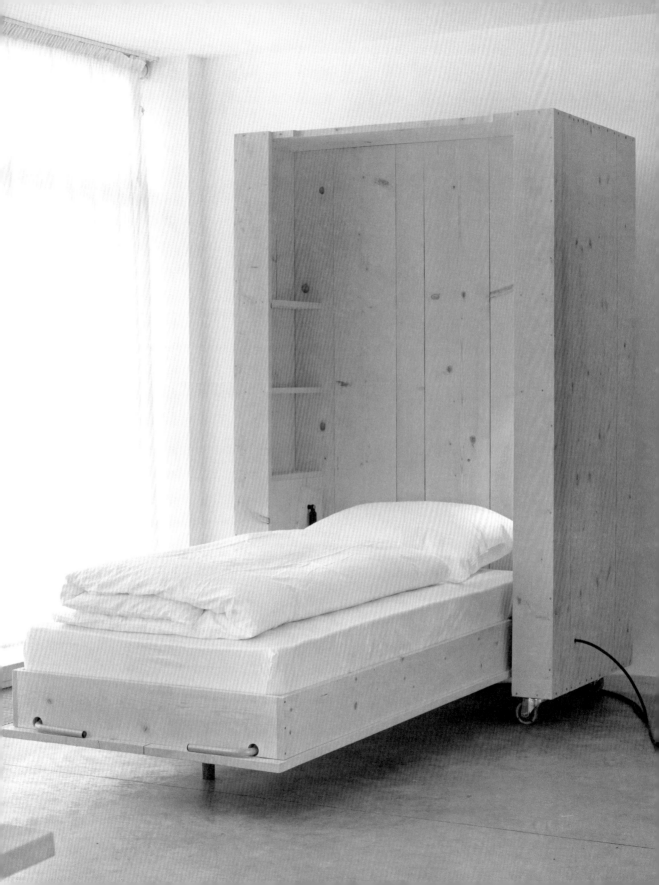

Modules

モジュール

モジュールは、すでにあるスペースを役立てるデザイン戦略として、急速に「頼りになる」ものになってきている。 部屋が狭い場合、それぞれのニーズに合わせて特注した、さまざまな機能をもつモジュールが役に立つ。モジュールはひとつの大きな家具とみなされることが多いが、実はベッドルーム、バスルーム、収納など、なんでも賢く収められるだけでなく、空間内のパーティションとしても使用できる。モジュールにはほかにも利点があり、解体したり運んだりできるので、引っ越し先にもっていくことができる。

キューブ形の家具

スイスのアーティスト・デザイナー、ティル・コンネッカーは、限られたスペース内で必要な収納を確保するために、自分のワンベッドルームのアパートメント用に Living Cube というユニット家具を考案した。黒く塗られた3層構造のトウヒ材を使ってつくられたユニットによって、スペースを効果的に使うこと

ができる。さまざまな家具の一部がコンパクトで自立するユニットにまとめられて、ベッドスペースと収納スペースに分かれている。ユニットには、薄型テレビを置く場所、本やレコードや服が置ける棚、ワードローブ、シューラック、引き出し、収納がある。管状スチールの梯子を上った先のユニット上部には

クイーンサイズのベッドがあり、その下には別の収納とワークステーションがある。ニーズやスペースに合わせて組みなおせるよう、オリジナル版のバリエーションとして、コンネッカーはさまざまなサイズのモジュールを使ったユニットもつくっている。ベッドのついていない小さなバージョンも手に入る。

広げられる
アパートメント

Michael Chen Architectureが手が
けたニューヨークの39㎡のアパー
トメントは、生活に必要な機能を集
めたシンプルな家具を使ってリフォ
ームされた。マンハッタンでよく目
にする、狭いスペースをもっと狭い
スペースに分けるような改装ではな
く、マイケル・チェンはリビングル
ームに広いスペースを残したまま、
ひとつの家具だけでそこを分割して
部屋を構成しなおした。アパートメ
ントのほかの部分と対比する青いキ
ャビネット――片側の壁一面に設置
されている――には、ベッド、ワー
ドローブ、ワークスペース、キッチ
ン用の収納、書庫、サイドテーブル
がある。ドアやパネルをスライドさ
せたり回転させたりしてキャビネッ

トを開閉させることによって、何度でもユニットを構成しなおせる。穴の
開いた金属のスクリーンが現れる2番目のパネルを使えば、プライバシー
も確保できる。青いキャビネットの中にあるアルミニウムの取っ手とパネ
ルによってキャビネットの表面が分割され、ユニットを動かしたり空間を
構成しなおしたりするためのハンドルが出てくる。

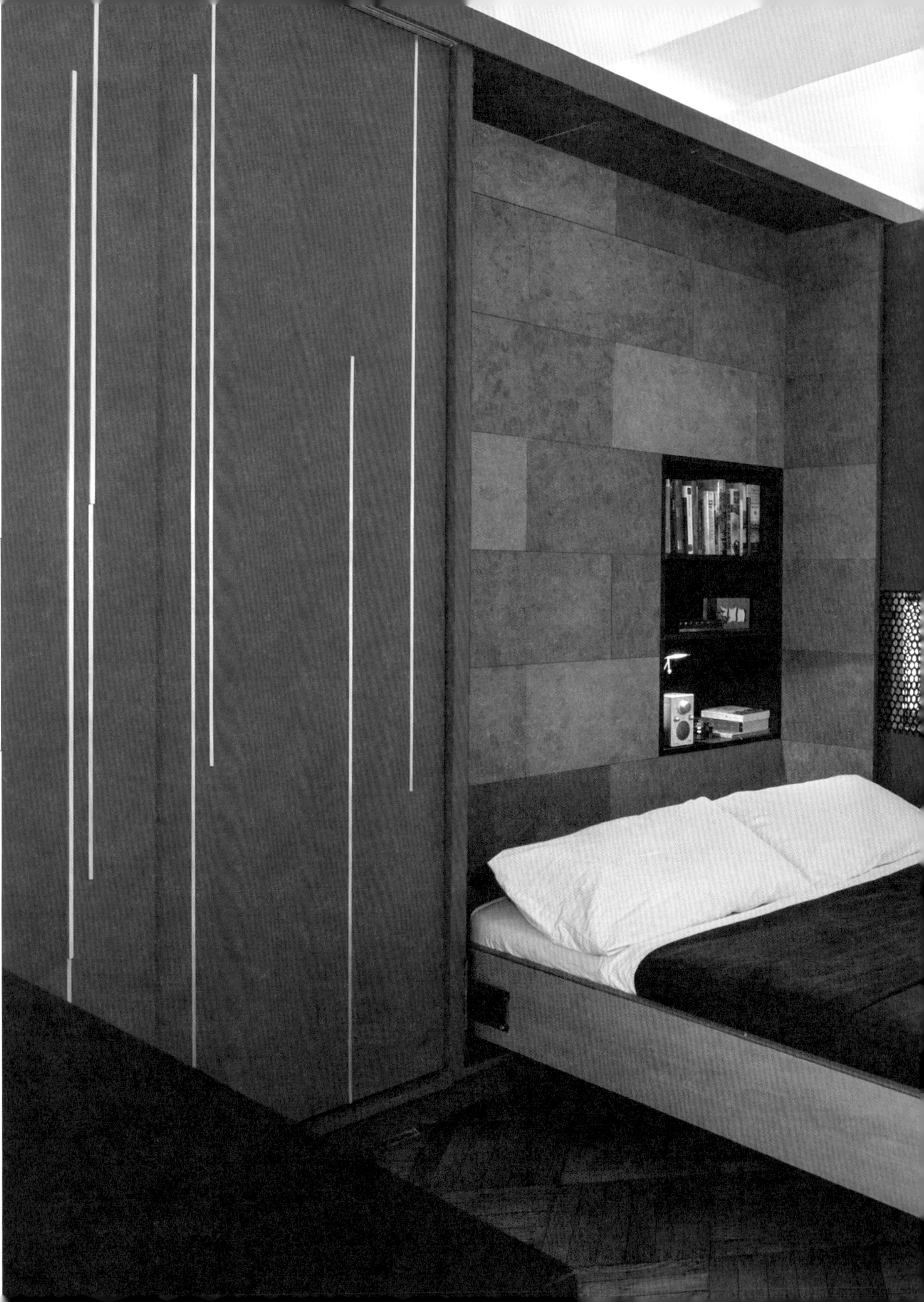

黒いボックス

カタルーニャのRÄS Studioは、バルセロナにある55㎡のアパートメントに元々あった仕切りをすべて取り払い、箱のようなユニットを設置した。RÄS Studioによると、新しいユニットは「昼と夜の時間帯のあいだのフィルターとして働く」という。それと同時に、空間を分割し、「分割された空間を全体として捉える」ことを可能にする。黒いユニットは、アパートメントの白を基調とした壁とコントラストを生む。また、キッチン、バスルーム、収納などの機能も備えている。黒いユニットにはところどころパイン材が使われ、そこがキッチンやベッドルームの洗面台といった水回りのエリアであることを表している。中央のユニットから3枚のドアをスライドして出せるので、必要に応じてアパートメントをさらに分割し、ベッドルームやリビングを閉め切ることもできる。

このページ：彫刻のような木製の小屋は、
部屋のほかのスペースが庭になり、
まるでその庭に家が置かれたように見える。
右下：この"家"は木材で覆われて、
居心地のよいベッドルームとして
使われている。

庭のための
部屋がある家

デンマークの建築家、シグルド・ラーセンが手がけ
たベルリンのホテルのスイートルームは、家の中に
ある家だ。〈Garden Room〉という名のこのスイー
トルームは、ホテル内に100室あるユニークな部屋
のひとつ。木製の「小屋」の周りの空間が「庭」の
役割を果たす。外から見ると、ベッドルームとして
使われる「小屋」は染みひとつない白に塗られてい
るのがわかる。中に入ると、明るい色の木できれい
に覆われ、温かみがあり、居心地のよい空間だ。下
の階にはベッドルーム、サウナ、キッチン、上階に
あるもうひとつのベッドルームにつづく階段、ハン
モックがある。シャワー、バスタブ、座る場所は「庭」
のスペースにある。戸のついたドアと窓が小屋の中
と「外」の庭をつなぎ、閉め切ればプライバシーを
確保できる。設計者によると、「プレイハウスは、
利用者の童心をくすぐるが、この家が純白でシャー
プな形なのは想像力をかきたてる遊び心が大人の心
も刺激するためだ」という。

Boxed In

追い詰められて

場所	アメリカ合衆国、ニューヨーク
居住者	5人
面積	61㎡

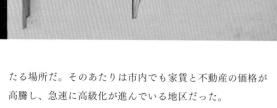

**少ない予算でも想像力を駆使すれば、
ブルックリンにある工業用ロフトが
実験的な共同生活の場所に様変わりする。**

ブルックリンを拠点にする建築家であ
りアーティストのセルバン・イオネスクは、「ニューヨーク市ではスペースは贅沢品だ……お金そのものさ」と語る。イオネスクは友人と3人で「The Miner and a Major」という実験的な共同生活を始めた。

イオネスク、ジム・ドライトライン、ジャスティン・スミスが出会ったのは、プラット・インスティテュートの建築科の学生のときだった。3人は同じ教授のもとで学び、共通の趣味もたくさんあった。3人は The Objectionists という名前でアートと建築のプロジェクトを1年ほど一緒に行ってから、ほかの7人の友人と一緒に暮らす場所を、ニューヨーク市の行政区、ブルックリンで探すことにした。ブルックリンは当時、クリエイティブなエネルギーと手ごろな家賃で知られるようになっていた。

10人の集団が暮らせるだけのスペースが見つかる幸運に恵まれていなかったら、彼らは別々の道を歩んでいただろう。1カ月が過ぎてようやくイオネスク、ドライトライン、スミス、友人のナレク・ゲヴォルギャンは、1階のウェアハウスロフトを見つけた。そこは約150㎡の何もないスペースで、価格も手ごろだった。ロフトがあったのは、グリーンポイントとウィリアムズバーグのちょうど境目にあ

たる場所だ。そのあたりは市内でも家賃と不動産の価格が高騰し、急速に高級化が進んでいる地区だった。

「2009年の不景気の真っ盛りに、僕らはなんとか仕事が見つかった」イオネスクはそう話した。「僕らのほとんどは建築事務所で働いていた。でも、クビになるんじゃないかと毎日気が気じゃなかった。そういうのはかなりこたえる。僕らはなんとかしてみんなで集まりたいと思っていた」

仲間はみんなで暮らせる方法を画策しはじめた。そしてエリック・ジュロンが5人目の仲間に加わった。すでにチームとして一緒に活動していたイオネスク、ドライトライン、スミスは、自分たちの実務的なスキルとクリエイティブなビジョンを駆使して、自らリノベーションをすることに決めた。

「それまで僕らはみんな狭いアパートメントに住んでいた。ほんの少しだけ自分の部屋に手を加えて。でも、たとえ賃貸物件でも、空間を自分だけのものにして、自分たちのデザインで変えたいと思っていた。僕らに共通していたのは、

上：プロジェクトは、
部分的に重なり合う
デザインと建築の有機的な
プロセスのなかで、5カ月に
わたって形づくられた。
彼らは空いた時間に
プロジェクトに
取り組みはじめたが、
やがてそれが生活の
中心になった。

自分の環境をデザインして形づくること
だった。空間を思いのままにできること
が、僕らにはとても意味があったんだ。
空間のなすがままにされるのではなく」
とイオネスクは言う。

　彼らは昼間の仕事の合間を縫って、バ
ーの紙ナプキンにアイデアを書きつけ、
計画に取り組んだ。「もっと狭いところに
いたので、どうすれば共有のスペースを最大限活用できる
かを僕らはスマートに考えたかった」とイオネスク。彼ら
は、連結する「ウェアハウスの壁から独立した、自由なデ
ザインの自立した構造物を5部屋」つくるアイデアを思い

ついた。要するに、プロジェクトで楽しく遊びたかったの
だ。「僕らはつくったものの中で遊び、そこに宿る精神を
捉えたかった」

　彼らはウェアハウス内の住居の一群を「The Miner and
a Major」と呼ぶことにした。その名前は、建築の参考に
なるかもしれないと調べていた近隣の海軍の歴史から着想
を得た。「自立する構造物のアイデアは、そこから電気み
たいにビビビッとやってきた」という。イオネスクが言う
には、アーティストであり建築家、建築理論家のジョン・
ヘイダックの作品、先鋭的な状況主義者（＊）の運動、軍事
兵器、自分たちの経験と欲求からさらなるインスピレーシ
ョンを受けたそうだ。プロジェクトは有機的に重なり合う

＊人間の行動は状況などの外的要因に作用されると考える人

「空間を思いのままにできることが、
僕らにはとても意味があった。
空間のなすがままにされるんじゃなくてね」

デザインと建築のプロセスのなかで形づくられた。「僕ら
は冒険に乗り出した。その先に何があるのかなんてわから
なかった。有機的に形になっていくと信じていた。僕らが
導くものと、僕らが導かれるものがぶつかって進んでいく

ってね」とイオネスク。どうするのかについて大まかなアイデアしかなかったが、彼らは当初、ほんの数週間で終わると思っていた。「完成するまでに5カ月かかるなんて、まったく考えてもみなかったよ！」

すでにロフトに引っ越していたので、5人は持ち物であふれそうな段ボールに囲まれながら、マットレスの上に並んで眠った。そうした一時しのぎの状況も、完成を目指すモチベーションになったという。「構造物の外で眠ることで、あとどれくらいやらないといけないかを

ら換気され、窓やドアの多くは南向き。ロフトについた大きな工業用の窓からの日光が差し込むようにするためだ。「色についてはいろいろ試した。試行錯誤の連続だった」とイオネスク。

ユニットはまとめてつくられ、できあがったあとで、各自が自分の部屋を選んだ。「部屋を選ぶのも有機的なプロセスだった」とイオネスクは言う。「たとえば、作業中に僕が足をケガした部屋があったんだ。そこが僕の部屋になった」。キッチン、シャワー、ラウンジスペース、映画を観るスペース、図書室、収納、トイレ、ワークスペースといった共用スペースはユニットの周りにある。「最初はワークスペースが多くを占めてた。でも、次第に変わっていった。共用スペースは発展しつづけて、現在取り組んでいるプロジェクトを反映して変わっていく。常に流動的にしておきたいと思っている」

建築材料の多くは購入したものだが、基本方針は材料を見つけてくるか再利用して使うことだった。かかった費用は合計で約4000米ドル。親切なルームメイトや友だちや同僚の助けもあり、労働力の大半は無償でまかなえた。建築事務所での仕事のおかげでいくつものガラス会社からサンプルを手に入れることができ、それをいたるところに使った。照明を寄付してくれる会社もあった。ほかにも地元の建材リサイクル会社から頻繁に材料をもらった。

ここで暮らしはじめて6年後、イオネスクは引っ越した（その少し前にスミスは引っ越していた）。しかし、ふたりは友だちや元のルームメイトたちといまもそこで会っている。イオネスクにとって、The Miner and a Majorをつくってそこで暮らした時間は、自分自身について学び、誰かと協力することを学んだ期間だった。「引っ越してきたときは25歳、引っ越して出たのが31歳。まさにさなぎの時期で、あのユニットは繭みたいなものだった。建築に夢見て入っていき、絵画と映像について考えながら出てくることになった」

「共同作業するには、少しだけエゴを手放さないといけない。このプロジェクトから大事なことの核心を教えてもらった。協力すること、自由になること、信頼することを学んだ」。長い期間、あんなに親密に同じ5人と生活を送ることで学んだんだ、とイオネスクは言う。「僕らが成長するのと並行して、ある種の標準から外れたデザインでも機能するってわかった。そうしたデザインが僕らを強くし、刺激して、そこから僕らは学ぶことができるんだ」

いつも思い出した」。やがてこのプロジェクトが彼らの生活の中心になった。「つくりはじめると同時に、不景気のせいで僕らはみんな仕事がなくなっていった。その時点で、僕らには空間があって仲間がいた。共同体の精神があったから、失業の影響はお金に関することだけだった。友だちがやってきて手伝ってくれたんだ。僕らはタバコを吸って、酒を飲み、互いにタトゥーを入れた。まるで僕たちだけの宇宙にいるみたいだった。その年にほかに起きたことはなにも思い出せない」とイオネスクは言う。「つくっている最中に僕らが互いに感じていた喜びと愛情が、できあがった作品のエネルギーとスピリットに注ぎ込まれたんだと思う」

まるで3次元のパズルのように、各ユニットは異なる形状だが、統一のとれたひとつの作品として結合している。それぞれの部屋には、ベッド、デスク、収納スペースと必要な家具がそろっている。広さは12㎡。このように近距離で暮らしているため、防音については特に対処しなければならなかった。木の枠のついた分厚い防音壁に加えて、ユニットを切り放し、音と振動が伝わってこないようにベッドを配置した。左右非対称についたさまざまな開口部か

Staircases

階段

階段にはおそらく最もシンプルな機能がある。ある階から別の階へ移動する機能だ。しかし、階段の形に縛られるとスペースをとってしまうことになる。 狭い場所にもフィットするよう階段を調節できれば、階段を多機能にする選択肢が無数にある。本棚や食器棚といった収納を2倍にできるし、梯子を使えば必要なスペースを最小限に減らせる。

階段に自転車をぶら下げる

Interface Studio Architects が設計した、低価格で地球環境にやさしい家は小さかったため、収納場所を確保するために画期的な方法を考える必要があった。それには、普段は使わない階段の裏側のスペースを、自転車をぶら下げておくために賢く使うことも含まれている。

スタックする収納箱

SABO Projects は、小さなデスクスペースと収納の壁を利用して、ブルックリンのロフトアパートメントのオープンプランのスペースに特徴的なものをつくった。スタックされた木製の箱は、デスクも収納できるパーティションの壁の中に収納スペースを生み出した。白とオークの箱を不規則に組み合わせることで、中2階のプレイルームにつづく階段が見えなくなっている。

収納付き階段

郡山にあるこの家では、日本の伝統的な大工技術からヒントを得て、スペースを最大限活用するために階段と収納が組み合わされた。建築家の安齋好太郎は、合板と木灰を使って、無数の引き出しと整理棚のついた特注の階段を設計した。数字の形の取っ手は、家主が収集した焼き物を分類・収納しておくのに役立っている。

インダストリアルな
階段

Studio Mieke Meijerがつくった Objet élevé（背の高いオブジェ）は、人口密度の高い都市部の空間問題を解決するために考えられた。階段の形をしたものがふたつの階をつないでいる。その一方で、ワークスペースや展示スペース、フレーム内の空いたところに収納もできる。デザイナーによると、ぶら下げたり自立する黒いスチールと木材でできたユニットの形は、ベルント＆ヒラ・ベッヒャーの工業建築の写真から着想を得たという。

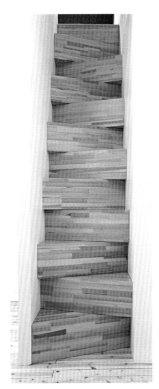

おもしろい角度の
階段

スウェーデンのデザイナー、
TAF（ガブリエル・グスタフ
ソンとマティアス・ストール
ボム）による急な階段は、低
価格なパイン材の箱を積み重
ねてつくられ、1階と屋根裏
をつないでいる。屋根裏が狭
すぎるため、通常の階段を設
置できなかったからだ。それ
ぞれの段に特定の角度がつけ
られているのは、上階に届く
高さの分の蹴上げ板（＊）を重
ねるためだ。

＊階段の踏み板のあいだの縦板

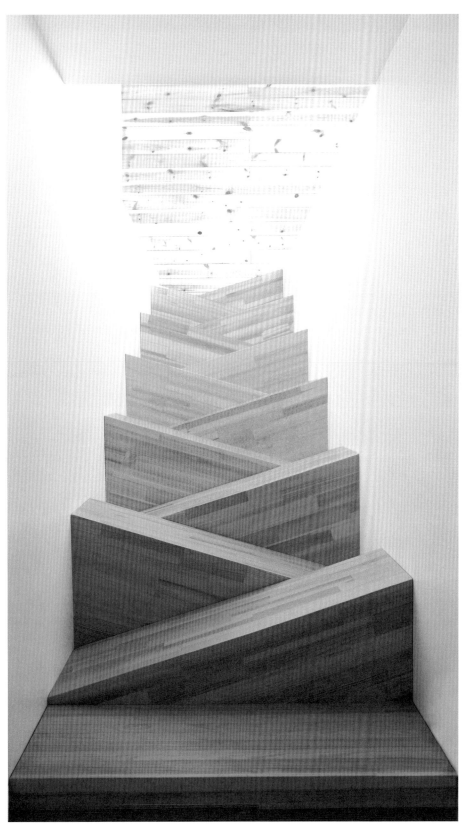

収納としての
階段

ポーランドにある29㎡のアパートメントの階段を設計したのは、3XAだ。階段を上った先には、高さがわずか1.35mの中2階のベッドスペースがある。天井までの高さは充分とはいえないが、直立できるだけの高さは確保できなかった。配向性ストランドボード（OSB）を使ってつくられた階段は、リビングルームの収納も兼ねている。

本棚から
飛び出てきた
階段

1960年代、トスカーナ州にあるマツの森の中に建てられた別荘、Marina di Castagneto Carducciのリノベーションを手がけたのは、建築事務所Sundaymorning。そこには収納を兼ねた特注の階段がある。チーク材でつくられた階段は、まるで壁に並んだ本棚から飛び出てきたようだ。

階段の中にある
収納

L'Atelier Miel は、ボルドーに
ある45㎡のアパートメントを
改装するにあたって、階段を利
用して空間を区切り、収納をつ
くった。木製の階段には、中身
を隠せる扉のついた収納もある。

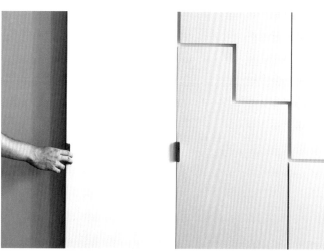

階段下の食器棚

ブルックリンのアパートメントをリノベーションする
にあたって、Worksteadは現代的な家をつくるために
シンプルな色調の素材を使った。キッチン用の収納ス
ペースの大半は階段の下に設けられ、背の高い食器棚
は階段の手すりになるよう延長されている。食器棚の
繊細な取っ手などの真鍮製部品は、アクセントとして
アパートメントのいたるところで使われている。

家の強度を高める階段

João Mendes Ribeiro Arquitectos が手がけた、ポルトガルの
田舎にある〈Fonte Boa House〉には、伝統的な家族用住宅の
類型学（タイポロジー）を解釈しなおす狙いがある。室内の片側を横断する木製
の階段には、下の部分に収納スペースが設けられ、同時に家の
強度を高める働きがある。1階では、階段でダイニングとリビ
ングが分けられている。上階もふた部屋に分かれている。

宙に浮く
スチールの階段

ミニマリストが住むベルリンの21㎡のワンルームの部屋を構成
しなおすことで、Spamroom は新たな調和の感覚を見出した。
その感覚は、1900年代に建てられたこのアパートメントの歴史
のなかで起こった変化に対するものだ。紙のように薄いエレガン
トな階段は、5mmのスチール製で、もとからある壁で支えられて
いる。床より上の高さにあるいちばん下の踏み板は、引き出せる
木製のステップとつながっている。木製のステップは、階段の端
にあるワードローブの中に収納できる。

階段のような
木製の梯子

カリフォルニア州サンディエゴ
にあるこの物件は、長年空き家
になっていたが、建築・開発業
者Hector M. Perezによって、
さまざまな利用法とライフスタ
イルを提案する住居・仕事場に
生まれ変わった。リビングは中
2階の2倍の広さがあり、中2
階はオフィス、ベッドルーム、
子ども部屋としても使える。リ
ビングから中2階へは階段のよ
うな木製の梯子を使う。

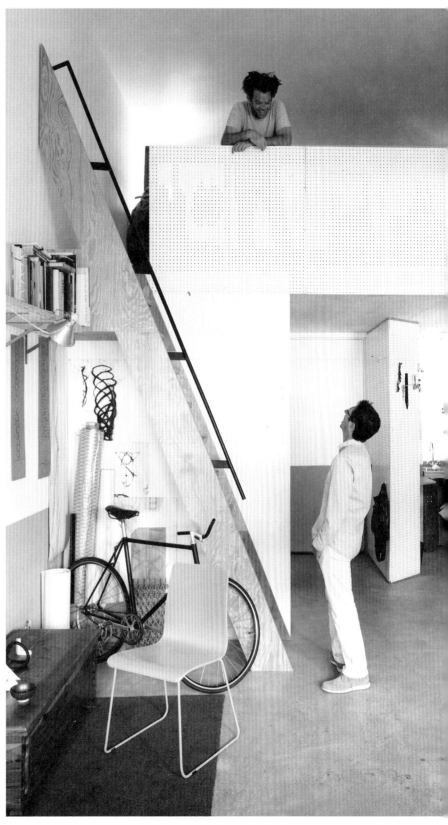

階段が
セールスポイント

プラハにある40㎡のフラットのた
めに Mooza Architecture がシン
プルに設計した家具の目玉は、階
段だ。階段にぴたりとはまったパ
ントリーなどの収納、洗濯機のた
めのスペースは、リビングルーム
とキッチンからすべてを隠すこと
ができる。

赤い階段

モントリオールにあるメゾネット式のアパートメントは、大人ふたりと子どもふたりの家族向けに、La SHED Architecture によってリノベーションされた。格子の入った木製のスクリーンと丁寧につくられた鮮やかなルビーレッドの階段によって空間が分けられ、広々としたリビングからは階段が見えない。繊細なつくりのスチールの棚は、木製の格子状のスクリーンと一体化し、背景となる鮮やかな赤とコントラストを生み出している。朱色のアクセントが空間を際立たせ、部屋の端に視線を集める。空間にはエネルギーがみなぎっている。

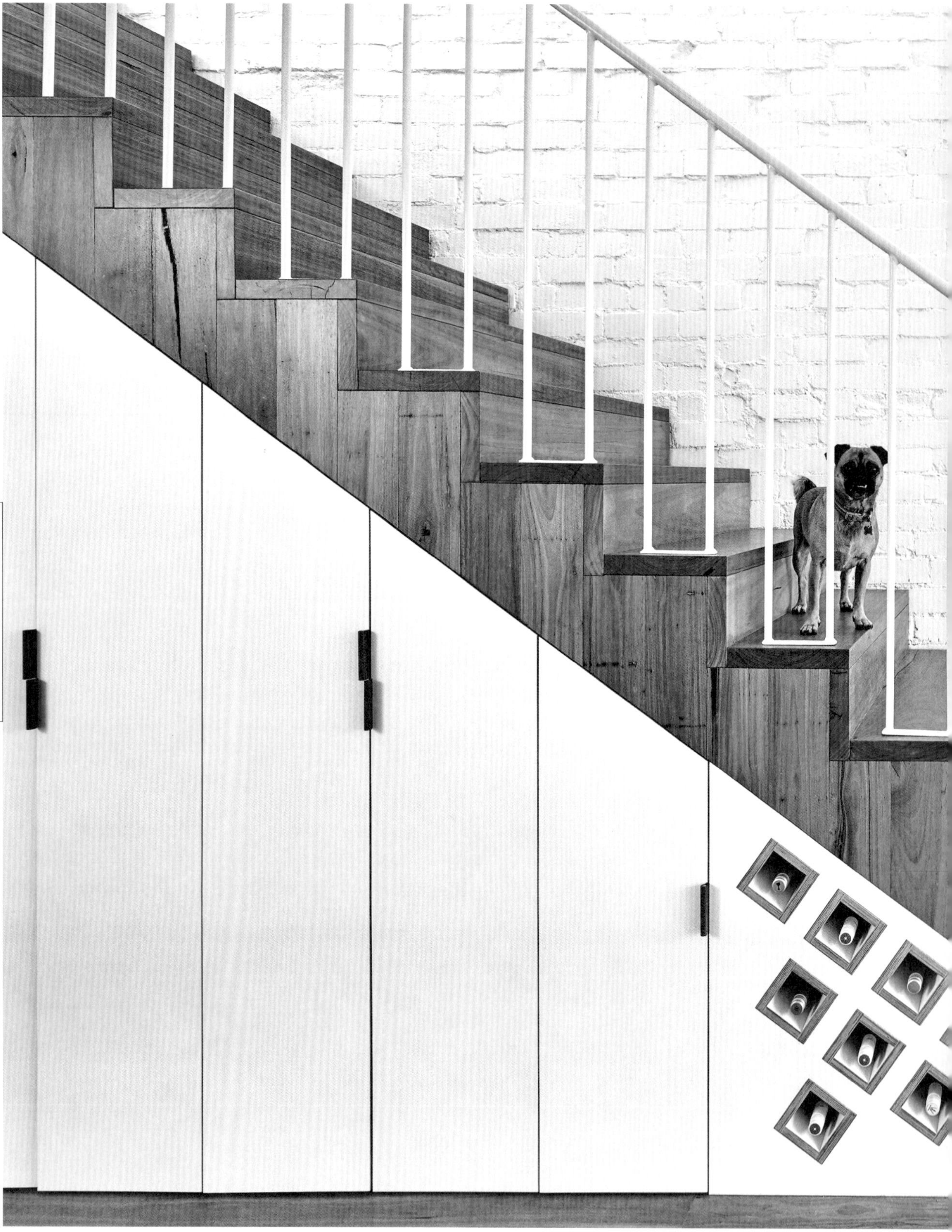

ワインラックと一体になった階段

Dan Gayfer Design が手がけたメルボルンの住宅にある階段下のスペース
は、備え付けのキャビネットとワインラックが特徴だ。合板でできた収納
スペースの白い表面が、豪華なハニーカラーの木製の階段とコントラスト
をなしている。吹き抜けの上にある天窓と、繊細なつくりのスチール製の
手すりを通って、154㎡しかない家のリビングに光が落ちる。

Storage

収納

狭いスペースをうまく改装するために最も重要なのは、充分な収納をつくること。収納が足りないと、空間がモノであふれ、ごちゃごちゃした印象になってしまう。賢く問題を解決できる秩序ある体系がなければ、日々の仕事をこなすときに余計に時間がかかってしまう。こうしたことは食器棚やワードローブやその他の棚に限った話ではない。モノをかけておける仕組みから、身の回りのモノを隠しておける床まで、デザイナーたちは興味深い方法を考え出している。

シンプルな棚

Kvart Interiör は北欧のアパートメントにシンプルな木製の棚を設けた。金属製の棚受けに支えられた棚は、下にモノが置けるように高い位置に取り付けられている。

カスタマイズできる
青い合板製パネル

Proforma Design が手がけたモスクワの38㎡のアパートメントは、コンクリートと合板の2種類の素材しか使わず、色数も絞っているのが特徴だ。床、家具、壁に合板が使用され、壁には色がつけられている。パネルに穴が開いているので、木製のペグを差し込めば棚やフックになり、空間をアレンジできる。

木製の収納壁

歴史の残るスペインの街、サン・クガにあるこの建物は、Josep Ferrando Architecture によって、2軒の建物のあいだ、保存されたファサードの後ろの幅5mの隙間に、押し込まれるように建てられた。配向性ストランドボード（OSB）の壁が上下階をつなぎ、室内の収納の容量を増やし、壁一面の棚が空間同士を結び付けている。

自転車のための
滑車装置

シドニーの中心部にあるコンパクトなテラスハウスにはガレージがなかったため、増改築するにあたって、Tribe Studioは収納不足の問題に取り組んだ。そして画期的な滑車装置をつくり、リビングルームの真上に収納できるようにした。ロープと重りというシンプルな仕組みの滑車で、リビングの上にできた2階の隙間に自転車を引き上げる。その隙間は家の中央に日光を取り込むだけでなく、室内の温度を下げる役割を果たす。自転車のスポークが光を反射し、吹き抜けの漆喰の白い壁に繊細な影を落とす。上階のバスルームにある蝶番のつけられた小さな窓から、自転車を別の角度で眺められる。

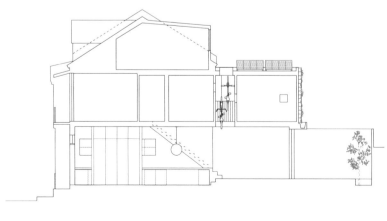

北欧に触発された
木の収納

Bogdan Ciocodeică が設計した、ルーマニアの公園の近くにあるアパートメントは、木材を豊富に使った明るい黄褐色の配色を特徴とする北欧建築の影響を受けている。65㎡のこの空間には、金属板を使った本棚やベッドと同じの高さの収納といった特注の家具が設置されている。仕事部屋には、ベンチとしても使える床の幅いっぱいの収納ボックスが、演壇のように設けられている。

明るい色の木材で
つくられた
背の低い棚には、
蝶番がついていて、
上方向に戸が開く。
戸を閉めれば
座ることもできる。

一段高くなった床は、蝶番がついているので開けることができ、おもちゃを収納したり、這ったり、座ったりするスペースになる。

隠れた
おもちゃ箱

メルボルンにある〈Mill House〉のリビングルームの床下に、Austin Maynard Architectsは巨大なおもちゃ箱のような収納スペースを設置した。増築にともない壁に沿って戸棚を設けるのではなく、深さ45cmのコンパートメントを利用して床と戸棚を一体化させたのだ。縦方向の棚を一掃したことで、収納棚やごちゃごちゃしたモノがなくなり、部屋の横幅全体を使えるようになったため、広々と見える。

作家のための
大容量の棚

1930年代にプラハに建てられたアパートメント。その最上階にあるコンパクトな部屋は、プラハを拠点とするBY Architectsによって完全にリフォームされた。作家のための設計なので、合計で42mを超える本棚をつくる必要があった。キャスター付きの棚は回転式で開くので、奥に収納された書籍を取り出せる。

収納のための
プラットフォーム

シドニーのアパートメントでは、ニコラス・ガーニーが22㎡の部屋の半分を占める一段高いプラットフォームを設置し、11㎡の収納スペースをつくり出した。木製のプラットフォームの床下には、使わないときにしまえるベッド、スーツケースのようなかさばるものを収納できる広いスペースがある。

スツールの中の
収納

日本の化粧板メーカー、〈伊千呂〉のためにTORAFU ARCHITECTSがデザインした家具のシリーズは、収納と他の機能性を合わせもっている。跳馬のようなスツールにはクッションの座面の下にスペースがあり、おもちゃなどを収納しておける。

Made to Measure

ぴったり収まる

場所	イスラエル、テルアビブ
居住者	1人
面積	25㎡

テルアビブにあるモダニストのアパートメント。
その奥まったバルコニーには
新しい生活が息づいている。アーティストの
アトリエにリフォームされたその場所は、
隠れた宝物であふれそうだ。

バルコニーにはさまざまな用途がある。リフレッシュするためのちょっとした外のスペースとして、周囲を見渡す場所として、人がにぎやかに集まるところとして、ひとりでもの思いにふける場所として。バルコニーのおかげで新鮮な空気が入り、「ロッジア（＊1）」のような奥まったバルコニーの場合は日よけになり、住居と外の世界の境目ができてプライバシーが保たれる。シルヴィー・イェアリット・シェフテルにとって、そのわずかな空間がもつ大きな可能性こそ、まさに探していたものだった。彼女はテルアビブのアパートメントを購入した。「このアパートメントに引っ越してきたのは、アーティストとして作品をつくる空間を生み出すため」と彼女は言う。

アートフォトグラフィーを主な表現方法として活動しながら、シェフテルは、クリエイティブな活動と作品のコレクションのためのアトリエとなるアパートメントを探していた。3部屋ある約80㎡の新しい家は、以前に住んでいたワンベッドルームのアパートメントよりも広い。

このアパートメントは4棟ある集合住宅の1階に位置し、

テルアビブ美術館、イスラエル歌劇場、カメリ劇場に近いテルアビブの中心部にある。建物は1950年代、イスラエルにおけるモダニスト・ムーブメントの最も重要な建築家のひとり、ドヴ・カルミによって設計された。世界で最も多い4000棟を超える、バウハウスの影響による国際様式（＊2）のビルを誇りながら、テルアビブは（ほとんどが白いコンクリート製の建物のため）「白い都市」として知られ、2003年にユネスコの世界遺産に登録された。

＊1：建物の正面や側面にあって、庭などを見下ろす柱廊　　＊2：現代的な材料を用い、地域や伝統の影響を排した建築様式

シェフテルの新しいアパートメントの奥まったバルコニーは、元々は暑い夏の夜に地中海からの涼しい風を取り入れるためのものだった。だが、建てられてから60年のあいだに、バルコニーはさまざまなオーナーの要望によって多種多様な使われ方をされてきた。シェフテルがここを購入したとき、バルコニーは完全に閉鎖され、そのすぐ後ろのスペースは、風通しのよいキッチンとの間に小さな窓がひとつあるベッドルームにリフォームされていた。

上：床から天井までのユニットには、36本の引き出し、収納コンパートメント、多機能なディスプレイパネルがあり、アトリエをゲストルームに変えるためのベッドが収納されている。

当時、シェフテルはラアナン・スターンの作品をあまり知らなかったが、スターンが自分のためにリノベーションした部屋をとても気に入っていた──偶然にも、彼女が前に住んでいた部屋はスターンが手がけていた──。シェフ

上：折りたたみ式のベッドを隠すのは、スライド式のバーチウッドのパネル。格子状に均等に穴が開けられている。木のペグを差しこむと、本を飾ったり、キャンバスを立てかけたり、軽いものならぶら下げたりできる。右：建築家たちはシェフテルの所持品を計測して明確なサイズを導き出し、それに従って棚や引き出しを製作した。芸術的な意味での関連性、サイズ、優先順位を踏まえて、棚や引き出しは目印としてそれぞれ色分けされている。

テルは言う。「それで私はリスクをとることにしたの。私の直感が正しかったのが証明された。私にぴったりだった！」

　数カ月かけて、スターンとパートナーのシャニー・タル（Rust Architectsの創業者）は、シェフテルと綿密に連携をとりながら、バルコニーの奥の18㎡の狭いスペースを、何もかもがぴったり収まるアトリエに改装した。「ほんとうにスピーディーで、熱心で、刺激的なプロセスだった」とシェフテルは語る。「私の要望を伝えると、ラアナンとシャニーはこれ以上ないぐらい注意を傾けて辛抱強く対応してくれた。そして自制心とすばらしい情熱をもってこの

「このアパートメントに引っ越してきたのは、アーティストとして作品をつくる空間を生み出すため」

プロジェクトに取り組んでくれた。作業が進むにつれて、ふたりの興奮が伝わってきて、まるでアート作品を一緒につくっているようだった」

　バルコニーとの出入りを妨げていた壁は取り壊され、バルコニーの正面に沿って、そして側面を取り囲むように背の高い窓が設置された。青々とした葉が茂り、花が咲き、舗道に沿って果物の木々が立ち並ぶ中庭に面した豊かな景色を、もう一度見えるようにするためだ。二重ガラスが暑さや寒さを防ぎ、空気の流れを調節するために窓が開閉でき、そよ風のように軽いカーテンがプライバシーを守るもうひとつの壁となる。ドアがないので、アパートメントのほかの部屋からは完全には遮断されない。そのため、開放感が増している。

　空間についての要望を伝えられていたスターンたちは、縦のスペースにも取り組み、36本の引き出しと収納コンパートメント、展示パネル、来客用ベッドも備えた壁一面のユニットをつくった。

　ふたりはシェフテルのアートワークの一覧、道具、素材を丁寧に計測して明確なサイズを導き出した。その作業だけでも4週間ほどかかった。それぞれの棚や引き出しは、計測した数値に従って製作された。ユニットが完成すると、芸術的な意味での関連性、サイズ、優先順位、どの程度の頻度で日常的に使用したり広げたりする必要があるのかといったことを踏まえて、注意深く設置された。各カテゴリーはパステルカラーで色分けされているが、色が見えるのは引き出しを開けたときだけ。使う人だけにわかる控えめな目印となっている。

　このアトリエの設計には、空間だけでなく、その特徴となる機能性も最大限活用されている。作業中に大きいほうのユニットから引き出しを取り出して、長いテーブルの上に置く。テーブルにはキャスターがついているので、必要に応じてアトリエ内を動かせる。折りたたみ式の来客用ベッドはスライドパネルの裏に完全に隠せる。幾何学的な配列で一面に穴の開いたパネルには、木製のペグを差し込んで、本を飾ったり、キャンバスを立てかけたり、軽いものをぶら下げたりできる。反対側の壁にはパソコン作業用にもうひとつ小さいデスクがある。作品を展示する場所としても使え、穴の開いたパネルとの統一感のある配置が響き合う。

　また、狭いスペースに明るく風通しのよい雰囲気を出すための木材が選ばれた。自然な木目を際立たせるためにクリアコーティングされた軽いバーチ材だ。統一感を出

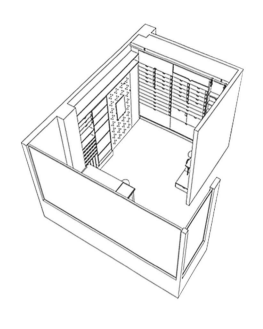

すために、床にも大きめのバーチ材が張られている。白と
ペールグリーンがアクセントのライトブラウンの内装が、
テーブルや椅子と調和する。

　部屋でシェフテルが特に大切にしているのが、創造性を
わき立たせ、集中力と平穏をもたらしてくれるアトリエだ。
彼女はほとんど毎日、一日の大半をそこで過ごす。主にひ
とりで作業しているが、ときどきコレクターや友だちをも
てなすこともある。効率的にできている空間のおかげで、
アトリエ内に5人いても快適に過ごせるという。バルコニ
ーの窓に面した長い作業台の前で、シェフテルは外の景色
や音だけでなく、好奇心というキャビネットの中にある繊
細で有機的な素材からもインスピレーションを得て、それ
を作品に取り入れる。シェフテルは「アトリエから伝わっ
てくる美の感覚と、内部と外部が完璧に混ざりあった静謐
な空気に魅せられている」という。

Entrances

玄関

家やアパートメントに入ったとき最初に目にするのが玄関だ。玄関のインテリアデザイン次第で、ほかのインテリアをどうするかも決まる。玄関にスペースが割かれることが多いのは、帰ってきたときにバッグを置き、靴を脱ぎ、コートをかけるからだ。だが、玄関は充分に活用されているとはいえない。必要な収納を増やしたり、ほかの使い方をする場所にしたりと、玄関をもっと役立つスペースにすることもできる。

明るい玄関

Kvart Interiör は、スウェーデンにあるアパートメントの玄関を明るく仕上げた。廊下の片側に設けられた棚には豊富な収納スペースがあり、残りのスペースにはさまざまなものを置くことができる。

スライド式デスク

限られたスペースで暮らす人向けにダニエル・スコフィールドがデザインした〈Shifty Desk〉。棚板のように壁に付けられたデスクは、書類、電子機器、文具などをしまっておける。36×120cmの小さな天板は前面にスライドでき、収納スペースもある。

ペグを差し込める壁のある玄関

Proforma Designが手がけたモスクワのアパートメントでは、素材の数が絞り込まれていて、コンクリートと合板しか使われていない。玄関にある壁かけ式の合板のパネルはパーティションでもある。パネルには穴が開けられていて、そこにペグを差し込むと、棚やフック、そのほかいろいろかけられる多機能な壁になる。

リビングのスペースにつながる玄関

メルボルンの中心部にあるこの物件の幅5mのテラスは、ここで暮らす若い家族向けに、機能性と柔軟性を兼ね備えた設計でリノベーションされた。あらゆる共有スペースが相互に作用するよう、Dan Gayfer Designが注意深く設計し、さまざまなスペースがつなげられた。その結果、棚、ベンチ、家具、踏み台が家の中を流れるように設けられた。玄関のいちばんの特徴は、木の壁と本棚だ。そのふたつの要素で玄関とその先にあるリビングルームが結びついている。

現代的になった
1930年代の
アパートメント

ライプツィヒのデザイン事務所
Studio Oink によって、合板の
建具が白い壁と組み合わされ、
第二次世界大戦前に建てられた
ドイツの都市・ヴィースバーデ
ンのアパートメントが現代的に
なった。玄関にある壁一面の白
いワードローブのおかげで、狭
いスペースでも天井の高さが際
立ち、古いスツールの脚と床板
を再利用してつくられた木製の
ベンチは、座ったりモノを置い
たりする場所になる。

ちょっとした台を加える

BY Architects が家族向けの住宅にリフォームし
た、チェコ共和国にあるプレハブのアパートメン
ト。キッチン、バスルーム、ウォークインクロー
ゼットが、アパートメント中央の楕円形のユニッ
ト内に設置されている。この楕円が生み出す凹凸
のカーブがリビングルームにやわらかな印象を与
え、円の形が、棚や鏡などアパートメントのいた
るところにディテールとして用いられている。

ふたつの家の
あいだの家

Josep Ferrando Architecture が手がけた〈House E+M〉には、隣り合った2軒のあいだの壁に玄関がつくられた。配向性ストランドボード（OSB）の玄関はコンクリートブロックの外壁と対照的だ。

ガラスの箱の
中の玄関

ポルトガルの João Mendes Ribeiro Arquitectos による〈Fonte Boa House〉は、玄関がガラス張りの箱の中にあり、屋外から守られている。透明な壁が、入り口の外にある砂利の敷かれた段差と、室内のダイニング・キッチンのあいだのクロークになる。

DIYによる
気軽な解決法

ストックホルムのこのアパート
メントは、1980年代に前のオー
ナーがリフォーム中に病に倒れた
あと、タイムカプセルのようにリ
ノベーション中のままになって
いた。建築家のカリン・マッツ
は、壁面をほとんどそのままに
しておくことにして、剥がれた
壁紙や塗装と対比させるように
新たに木製の収納ユニットを付
け加えた。フックのついた合板
のパネルを設けるのは、低予算
なDIY的方法だ。これなら、壁
に穴を開けられない賃貸物件や
学生向け物件でも簡単にできる。

Work Spaces

ワークスペース

働き方は常に変わりつづけている。テクノロジーの進歩と働き方の多様化によって、自宅で働く人が増えた。コンピューターもコンパクトになったため、デスクトップ型よりラップトップが選ばれることが多い。つまり、勉強や仕事に必要なスペースもこうした変化を反映したものでなければならない。大きなデスクはもう必要ではない。デスクは一時的に折りたたんでおけたり、隠しておけたり、何か別の形に変わって違う機能を提供したりするものなのだ。

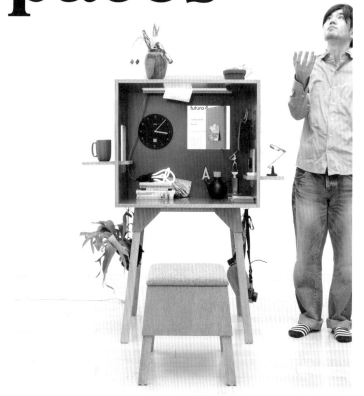

一体型のデスク

この多機能なデスクは、日本の化粧板メーカー〈伊千呂〉のためにTORAFU ARCHITECTSがデザインした家具シリーズのひとつ。フック、棚、照明、植物のためのスペース、電源ケーブル用のケース、飾り窓によって、完全に自分専用のデスクに変わる。大人には書斎になり、子どもには遊び場になる。

オーペア*用のデスク

スイス人建築家、オーレリー・モネ・カシシは、ジェノバに住む家族の家のために、木製の本棚付きの壁シリーズを設計した。ベッドルームのひとつは明るい合板で覆われている。はめ込まれたパネルには折りたたみ式のデスクがつけられ、使い勝手のいいワークスペースになる。

*オーペアとは、外国の家庭で滞在させてもらう代わりに手伝いをしながら語学を学ぶ人

壁に備え付けの
折りたたみ式デスク

デンマークの Norm Architects が
設計した、壁に備え付けのデスク
は、広げればワークスペースとな
り、使わないときは閉じておける。
シンプルな黒い木製のデスクには
レザーの留め具がついているので、
折りたたんだときにデスクの天板
をしっかり留めておける。

スライドさせて
ワークスペースを
隠せる壁

MKCAが手がけたニューヨークの
〈5:1アパートメント〉は「超機能的な」
都市部のコンパクトな住居の見本だ。
スライド式の扉によって収納を隠し、
生活、仕事、睡眠、着替えのためのさ
まざまなスペースをつくれる。日中に
スライド扉が閉じているときには収納
の中にワークスペースが現れ、夜に壁
をスライドさせベッドが広げられると
このスペースは隠れる。

しまえる
小さなデスク

Concrete Amsterdam社が手が
けたホテル〈ゾク〉のスイート
ルームには、中2階のベッドの
下に小さな仕事用スペースがあ
る。この部屋はホテルというよ
り家のように感じられるよう設
計されているため、階段、ベッ
ド、収納、デスクスペースは娯
楽用のスペースを確保するため
に隠されている。

作家用の
折りたたみ式デスク

BY Architects は、プラハ中心部
の小さなアパートメント内に、合
計42mの木の本棚と一体型の小
さなデスクをつくった。ここに住
む作家が仕事に取り組むためのこ
のスペースは、折りたたんで、ケー
ブルとモニターを隠すことがで
きる。

149

木のデスク

Arhitektura-d.o.oが手がけた〈The Black Line Apartment〉は、スロヴェニアのリュブリャナの新興住宅地に建っている。2枚の長い壁を使うことによって、未塗装のオーク材を使った本棚付きの黒い木のデスクを含む、あらゆる機能的な要素が備わっている。デスクの下の両開き式ドアを開けると、座るスペースが確保できる。

日あたりのいい書斎

メルボルンにあるこの日あたりのいい家は、Austin Maynard Architectsによって、子どもが散らかした状態を隠しておけるように設計された。この書斎は元々ある下見板張りの家に増築されたもの。デスクからは同じく増築されたキッチンとリビングルームが見える。

滞在する作家のための読書スペース

ポルトガルの都市・コインブラの詩人、ジョアン・コショフェルの住居だった物件を、João Mendes Ribeiro Arquitectosが、元の雰囲気を損なうことなく現代的な空間にリフォームした。この家には、書庫、イベントスペース、作家のための宿泊施設がある。木の棚が壁を覆い、窓際には読書スペースもある。

中2階の書斎

ヘクター・M・ペレスは、サンディエゴのバリオローガン地区の空き地に
7軒の住居兼オフィスを建てた。敷地は狭かったが、それぞれの家にウッ
ドデッキ、広々としたリビングルーム、大きなガラス窓がある。この家に
は中2階に小さなオフィスがあり、1階のリビングと分かれている。

屋根裏の
オフィス

スペインのサン・セバスティアンにある、
1950年代に建てられた家を改装したフラ
ット。Pura Arquitecturaは、天井が低く
小さなスペースがいくつもある状態から、
広々とした明るいスペースにリフォームし
た。斜めの天井の下にある12.5㎡の中2
階のスペースはオフィスだが、必要なとき
には来客用のベッドルームになる。

Yard Work

庭仕事

場所 ———— スウェーデン、ランツクルーナ
居住者 ———————————— 2人
面積 ————————————— 125㎡

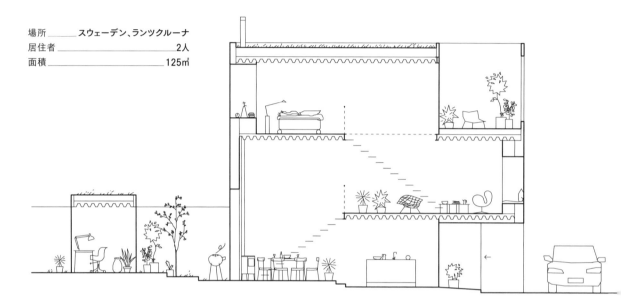

小さな敷地を最大限活用した、
モダン・ミニマリズムの意外な実例が、
スウェーデンのランツクルーナにある。

昔から人が暮らしている地域に新しい家を設計する場合、その地域と調和させるか対比させるかのどちらかを目指すことになる。Elding Oscarson Architectsと共同で家を設計したジョニー・レーカアスとコニー・アルグレンは後者に決めた。スウェーデンのヘルシンボリで長年一緒に暮らしていたレーカアスとアルグレンは引っ越し先を探していた。ふたりはランツクルーナ付近の小さな港町に物件を見つけた。アルグレンは数年前、そのあたりの不動産に投資をしたことがあった。

長細い土地に古い3階建ての家が建ち、敷地の端に野生の植物がある庭と、隣接する敷地まで伸び広がった梨の木があった。そこには以前、小さな家が建っていたが、1943年に取り壊されたあとは空き地になっていた。ふたりはそこに何かを建てられるかと最初に尋ねたものの、具体的な計画は何も進まなかった。計画を進める気になったのは、小さな家が建っていた数メートルの敷地を購入してほしいという請願書を受け取ったからだ。そこを購入すれば、庭と通りをつなげられる。

小売りデザインの仕事をしているレーカアスは、元同僚で、ストックホルムで活動している建築家のジョアン・オスカーソンに連絡した。レーカアスは言う。「ジョアンにコンタクトをとったとき、ちょうど彼は自分の事務所を開いたところだった。8年間、日本の建築家ユニット〈SANAA〉と仕事をしていたジョナス・エルディングもそこに加わろうとしていた。これがふたりで手がける最初の仕事になる予定だった。僕はSANAAが手がけた建築を少し知っていたので、きっとうまくいくって思った」

同じ考えをもつレーカアスとアルグレンは、新しいアプ

ローチで自分たちの家を設計し、この街に「現代建築の新しい風」を吹かせたいと思った。以前に住んでいたアパートメントで3回、リノベーションをしたので、ふたりには自分たちが求めているものがはっきりとわかっていた。「僕らは、家についての好みと要望をまとめた、綿密な概要をジョアンたちに向けてつくった」

アート作品をコレクションして販売もするアルグレンは、自分のコレクションを展示できる壁のスペースと、仕事のためのホームオフィスがほしかった。レーカアスは仕事の気分転換にガーデニングをしたいと思っていた。ふたりは書庫のためのスペースをつくること、通りからプライバシーを確保すること、日光がたくさん入ることを望んでいた。そして予算内で完成させる必要があった。建物を建てられるスペースは75㎡しかなかったが、ふたりは生活のため

に100㎡以上ほしかった。そうしないと、1平方メートルあたりの価格が高くつきすぎる。

ふたりとオスカーソンたちの関係が良好なおかげで、建設計画は順調に進んだ。「ジョアンたちは3つの案を提案してくれて、僕らはそのうちのひとつを選んだ。とても驚いて興奮したけど、僕らはとても迅速に建築許可を取得できた」。春に計画し、その翌年早々に着工された。夏の雨のため2カ月遅れたが、正式名称〈Townhouse〉は秋に完成した。

Townhouseは車両通行禁止の丸石畳の通りに面している。ランツクルーナの歴史地区にあり、1500年代に建てられた街の名所の城塞や19世紀の町役場からも近い。近隣の古風な趣のある街並みとはあきらかに対照的な、Elding Oscarson Architectsが設計した力強く主張するモダニストの建物は、なめらかで白いファサードとはっきりしたライン、つなぎ目のない直線的な形が特徴的だ。強い対比が見られるものの、周囲の環境への配慮もある。さまざまな色や高さ、ファサード、屋根の形が混在した伝統的な街並みの中に、ほとんど影のような外観の建物が、苦もなく溶け込んでいるように見える。Townhouseの幅はほかの建物の約半分しかなく、ふつうの中2階建ての家の倍の階数がありながら、近隣の屋根の高さと変わらない。建築家は「Townhouseが、大きさ、形状、通りに立ち並ぶ低い家や高い家がつくり出すリズムへの溶け込み方という点で、周囲と調和するよう」配慮したという。家のどの面にもある大きな窓が、家の中の世界と外の環境とのあいだの視覚的な対話に役立っている。

Townhouseはすぐに「Japanhus（スウェーデン語で「日本の家」）」と呼ばれるようになった。おそらくそれは、Townhouseが親しみやすく現実離れしていることと、日本の建築物を連想させる外観が合わさっている点に由来している。日本の建築物を思わせる要素とは、内と外の相互作用、余白の味わい、自然光の重要性、シンプルな素材とディテール、狭い敷地などだ。「日本の家」と呼ぶ人たちは、ひとつのオープンプランの空間や、薄いむき出しのスチール製平板によ

右：庭石が敷き詰められた通路の先には、増築された小さなホームオフィスがある。そこはダイニングルームと同じようにガラスのドアと壁一面のガラス窓があるため、統一感があり、狭いスペースに自然光がたくさん入る。

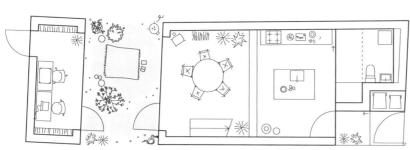

「実際、外からは中があまり見えない。
でも中からはそうじゃない。
中心となるアイデアは"透明性"なんだ」

って3階に分けられた繊細さにそうした要素を見出す。建物は各階ごとにキッチン、ダイニングルーム、リビングルーム、書庫、ベッド、バス、ルーフテラスといったさまざまなゾーンに分かれている。そうしたシンプルな体系の中に、建築家は「狭いが風通しのいいスペース、隙間の空間、内装と外装、水平と垂直方向の眺めだけでなく、注意深く囲まれた敷地の景色といった、ミニマリスト的ではない生き生きとした要素」を生み出した。

　吹き抜けがあるため、各階に2階分の空間が生まれ、狭いスペースでも開放感が際立つ。天井、庭、通りから自然光が入る。「この家は考え抜かれて設計されている」とレーカアスは言う。「実際、外からは中があまり見えない。でも中からはそうじゃない。中心となるアイデアは"透明性"なんだ」

シンプルな金属の階段は、ダイニングルームからリビングルームと「書庫」につながっている。通りの景色が見えるよう縁どられた本棚が備え付けられ、ふたつめの階段が3階のベッドルームに続く。そこには別の（洋服用の）コンソール型キャビネットが備え付けられ、同じように裏庭に向かう眺めが縁どられている。「収納スペースは多くはないが、たくさんの不用品を片づける時間があった」とレーカアス。

　バスルームとテラスに行くには格子状の金属の「橋」を渡る。格子状の金属は階段に沿って設けられた柵と、透明性とシンプルさという印象を与える上階のスペースと響き合う。囲まれたテラスからルーフトップ周りの景色が衝立越しに見られる。ルーフトップは上部が開いている。アルグレンとレーカアスはのちに、フラットな天井に続く金属の梯子を設置した。さえぎるものが何もない、さらに高いところからの眺めのために。

　メインの建物は、小さな裏庭を挟んで、空間的にも見た目にもオフィスとつながっている。別の古典的な日本の要素、四角い大きな敷石のある小道に沿って裏庭がある。別館はダイニングルームと同じようにガラスのドアと壁一面

のガラス窓があるため、統一感があり、狭いスペースに自然光がふんだんに入る。

特に短い冬のあいだは、開放感のある間取りと白い壁が室内の自然光を最大限活用する。一方、日の沈まない夏の「白夜」のあいだは、白い遮光カーテンが光を遮断する。しなやかなカーテンのひだが空間をほのかにやわらげ、必要なときにプライバシーを確保する。ダイニングルームの薪ストーブ、上階の木の床、天然の木を使った家具によって、親密であたたかな印象が生まれている。

ふたりはその後引っ越したが、Townhouseはレーカアスにとって特別な場所になった。「この家をつくるのを手伝えたのを誇りに思っている。いろいろな意味で、僕らにぴったりの家だった。僕はあの家にエネルギーや愛情や情熱をたっぷり注ぎ込んだから」

レーカアスはあの明るいオープンスペース、あたたかい薪ストーブ、庭のことがときどき恋しくなるそうだが、いまではかなり大きかったと感じるあの家を維持する責任を恋しいとは思っていない。ヘルシンボリに戻った彼は、Townhouseのちょうど半分の広さのアパートメントを購入した。5年間、Townhouseに住んで、レーカアスは狭い家に住む利点を理解し、認めるようになった。

「暮らすのに広いスペースは必要ないとよくわかった。でも狭くなればなるほど、空間や照明、開放感、あたたかみといった要素のクオリティの高さがますます大切になってくる。そういうものが心の健康にいい」

「狭くなればなるほど、空間や照明、
開放感、あたたかみといった
要素のクオリティの高さがますます大切になってくる」

Playrooms

子ども部屋

子どものために設計されたスペースは、子どもを下に見ているようなものがあまりに多い。だが、すばらしい設計をすれば、そこは楽しくて風変わりな空間になる。家の中でも子ども部屋は最も斬新であることが多く、その設計は特にやりがいがある。子ども部屋には、おもちゃ、本、服の収納、遊ぶスペース、心地よく眠る場所といった要望を満たす機能が必要になる。さらに子どものベッドルームには、成長に合わせて変えられるような柔軟性も必要だ。

笑顔の黄色い収納

ペドロ・デ・アザンブジャ・ヴァレラは自分の〈Yellow Apartment〉に空間を分けるカラフルな収納付きの壁をつくった。鮮やかな黄色の食器棚、棚、引き出しは楽しいディテールが特徴だ。ドアノブの代わりに穴が開いていて、踏み台にもなる箱を引き出すと、取っ手の代わりにスマイリーフェイスがくりぬかれている。

家の形のドアがついた黒板の壁

モントリオールの家族向けの家のために、La SHED Architectureは、楽しくて子どもが喜ぶスペースをつくった。壁を黒板にし、奥に行くためのドアを子どもサイズの家の形にした。

何階もある家

Jun Igarashi Architects が手がけた札
幌の家は、空間と光を最大限生かすた
めに、遊び心を加えて巧みに階層を利
用した。カーブしたスチール製の階段
がさまざまな中2階のスペースにつな
がっている。また、白いワイヤーは視
覚的にも、子どもが遊ぶスペース、勉
強部屋、寝室と結びつく。

子どもが
遊ぶ空間

TORAFU ARCHITECTSがデザインしたデスクには、アクセントとなる色が豊富に取り入れられ、小さな空間を生み出してくれる。まるでステージセットのように、小窓、棚、フックなどが使用者の思うままに付け加えられる。さまざまな方法で自分だけの仕様にできるため、子どものための遊ぶ空間から「大人」のための書斎としてまで、柔軟に変えながら長期間使用できる。セットとして使えるスツールには収納もある。

子ども用の特製家具

メルボルンの〈The Mill House〉の子どものために、Austin Maynard Architectsが注意深く設計した部屋。クライアントである息子のベッドルームには、一段高くなった「おもちゃ箱」のフローリングと、デスクと本棚も兼ねた二段ベッド付きの特製の家具がある。小さな踏み台を使うと、いちばん下の棚に座ることもできる。高い棚のモノをとったり、ベッドに上がったりするのにも役立つ。

小さな子どもの小さな家

Maema Architectesは、フランスの家の中に小さな子ども部屋をつくった。一家は生まれてくるふたりめの子どものためにスペースを最大限活用する必要があった。そして、部屋のアルコーブの中2階にベッドを設け、その下を遊び場にした。木製の格子状の仕切りには窓がついていて、屋根もあるため、まるで室内のツリーハウスのように小さな小屋になっている。ベッドに続くブルーグレーの階段の下には収納もある。

調整できる
子ども用ベッド

Schneider + Assaf が手がけた子ども用ベッドは、幼少期を通じて使えるようデザインされている。角材の柱でシンプルにつくられているため、長期間、簡単にベッドを調整できる。ベッドの下には、おもちゃや衣服を収納できる棚や引き出しが豊富にある。

隠れる
子ども用ベッド

ベス・ヴァン・シェルフェンと
ウェンディ・ロマーズは、共同
で使う子ども部屋を囲むように、
ベッドを隠せるベッドルームを
設計した。一段高くなったベッ
ドの下には収納があり、プライ
バシーを保つために閉め切れる
大きな木のシャッターも付いて
いる。ベッドに上がるための踏
み台は椅子にもなる。

子ども用の
ロフトベッド

スウェーデンのイェーテボリの
この家では、狭い部屋をロフト
ベッド付きのふたりの子ども部
屋に改装した。白い木のベッド
は部屋の幅いっぱいにつくられ、
下にはもうひとつベッドを置く
スペースがある。

ミニマリストの
白黒の二段ベッド

スウェーデンのデザイナー、ジョアンナ・バッガーの小さなアパートメントは、色数を減らして白黒に抑えられている。家族4人でシェアするベッドルームには、子ども用の白い二段ベッドが備え付けられている。ベッドは部屋の隅に置かれ、下部には棚と引き出しと収納がある。

Cooking & Dining

キッチンとダイニング

機能的なキッチンとダイニングをつくるには、使う人の個性や習慣に合った空間にする必要がある。スペースがなくても、食器やキッチン用品の収納場所を豊富に確保して、すっきりさせること。キッチンを隙間に隠したり、ドアで見えないようにしたりするのはよくある方法だ。また、ダイニングスペースを天井や壁に収納したり、来客用に広くしたりできれば、一日のなかでも用途に合わせて柔軟に対応できる。

アルコーブに収まるキッチン

Kvart Interiör によるアパートメントのキッチンは、リビングルームのアルコーブの中に収まる。食器類は上の棚に置き、キッチン用品はフックにかけられる。濃いグレーの調理台がほかの明るいグレーの色味と対比する。

難のあるキッチンの解決策

Workstead の建築家によると、ブルックリンにあるメゾネット式アパートメントのキッチンの設計が最も難しかったという。シンプルなディテールと真鍮のアクセントが、昔ながらの家具と組み合わされている。キッチンカウンターの奥が一段高くなっているため、調理中でも調味料を手に取りやすい。

食べる場所がある
小さなキッチン

3XA は、リビングルームと
ダイニングとキッチンをひ
とつのスペースにまとめる
ことで、ポーランドの29㎡
しかないアパートメントに
ベッドルームをつくった。
白いキッチンの特徴は、バ
ーカウンターのような食事
スペースにある。この台は
リビングとキッチンを分け
るだけでなく、追加の調理
スペースにもなる。

歴史のある
アパートメントに
設置された
現代的なユニット

Jan Rösler Architektenは、ベルリン
の歴史あるアパートメントにモジュー
ル型のユニットを設置して、建物の構
造の魅力を損なわずに空間をはっきり
させた。調理台とシンクのついたキッ
チンユニットはわずか3つの戸棚から
なる。使わないときには、調理台と散
らかったモノをカバーで隠せる。

Cooking & Dining

木の中に隠れた
キッチン

L'Atelier Mielが手がけたボル
ドーのアパートメントのキッチ
ンは、家のほかの場所と合わせ
て、使用する素材の数を絞った
シンプルなデザインだ。まるで
木の塊から形づくられたような
印象を受けるのは、木製の引き
戸の中にあらゆる調理器具が隠
せるからだ。建築家によると、
「キッチンというのは、あらゆ
る要素がつながる半島のような
もの」だという。

折りたたみ式の
ドアの奥に

1960年代に東京に建てられた63㎡のアパートメントを、Minorpoetが日本の伝統技術を構造に組み込んでリフォームした。屏風を参考にしてつくられたアコーディオン式の折りたたみドアを開けると、キッチンカウンターと収納棚が現れる。ドアを閉めれば、ごちゃごちゃとしたキッチンが隠される。

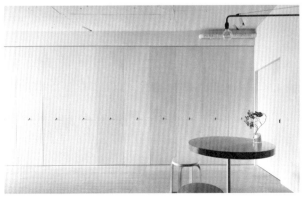

独立した
金属製のキッチン

壁をすべてユニットとスライドパネルに代え、分かれていた部屋をひと部屋にすることで、Front Office は 1970 年代に建てられた赤坂のフラットを一変させた。空間は、洗濯機のある木製のグレーのボックス、バスルームのあるコンクリートのボックス、冷蔵庫と収納スペースのある S 字形のパーティションという 3 つの要素で構成されている。また、シンクとガス台の下に棚付きの金属製オープンユニットを設置し、独立したキッチンをつくった。ステンレスの調理台にはインダストリアル感がある。

キッチンの収納を
新たに考える

デンマークのミュージシャン兼ギ
ター製作者、キム・ドルヴァが結成
した Københavns Møbelsnedkeri
は、伝統的な道具を使って加工
した黒いぶしのオーク材から家
具を製作するクラフト集団だ。
このキッチン用の収納は、キッ
チン用品をコンパクトに壁にか
けられるよう工夫されている。

台を追加できる
クランプ式トレイ

Navetがデザインしたクラン
プ式トレイを使えば、狭いキ
ッチンでも、既存の台にスペ
ースを追加できる。このトレ
イは、棚、本箱、作業台、テ
ーブルに固定させて、台とし
て使える。

引き出せる
調理台

ポーランド人のデザイナー、シモ
ン・ハンザーが手がけたわずか
13㎡のスタジオアパートメント
は、中2階の下にあるキッチンが
特徴だ。スペースがないことを逆
手に取り、引き出せる調理台など
気の利いた機能を加えて、魔法の
ようにスペースを生み出した。

空間が華やぐ
カラフルなキャビネット

シドニーのアパートメントの上層階にある部屋のキッチンは、ほかの場所より一段高い。ニコラス・ガーニーが設計した直線的なキッチンスペースは、架台に支えられた長い調理台が特徴で、その下には家電が置ける。壁に備え付けのエメラルドグリーンのキャビネットがアクセントになっている。

歴史ある家の
シンプルな
キッチン

ポルトガルのポルトの歴史地区にある集合住宅を、元々あった19世紀の特徴を残したまま、depAが2部屋のアパートメントと短期滞在用のスタジオにリフォームした。リビングルームに面したキッチンは未加工の木材を使って地元の職人がつくったもの。

最小限の壁面収納

Position Collective によってこの小さなアパートメントがリフォームされたのは、ブダペストでエアビーアンドビーが広まりだしたころだった。クライアントは短期滞在者向けに部屋を貸し出そうとしていたので、設計当初から部屋の柔軟性を高くしなければならなかった。旅行者には充実したキッチンはいらないため、必要最低限に抑えた。一面に合板が張られた壁には「ペグ式」の機能があるため、さまざまな位置に棚がつけられ、キッチン用品を収納したり飾ったりできる。

虹色の床、スチール製の調理台、
植物の壁

ファッションデザイナーのために SABO Project が改装したパリの 72 ㎡ のアパートメントで目を引くのは、キッチンの明るい色のラバー製の床だ。また、4.5 m もあるステンレス製の調理台と、26 個のポットがついた特製のパネルが備え付けられた壁面のハーブ園も特徴だ。

青いキッチン

リビングルームを最大限生かすために、Studio Wok はイタリアの28㎡のアパートメントのキッチンを設計した。部屋の木製の壁や清潔感のある白がターコイズブルーと美しく対比する。

落ちついた
空間づくりの
ための配色

ポルトガルのポルトの歴史地区にある家をリフォームするにあたり、URBAstudios は広々とした印象を与えるために、壁、床、ドア、キッチンをすべて灰褐色にした。未加工のパイン材が格子状に設けられ、キッチンと部屋を分けるパーティションの役割をする。調理台と水まわりには白い大理石が使われている。

181

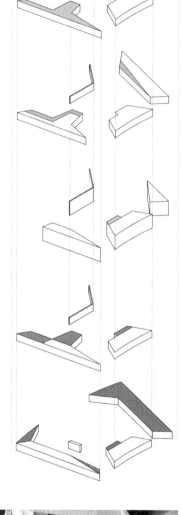

空間を分ける
タイル張りの壁

マドリードを拠点とするZooco Estudioが手がけた36㎡のコンパクトなアパートメントの内壁は、モザイクタイルで覆われている。モザイクタイルによって、空間が分割されたり、つながったりする。リビングルームとほかの空間が分けられ、くつろいだり、食事をしたり、料理や洗濯をしたりする場所も、それぞれはっきり分かれている。それと同時に、モザイクタイルの壁が円状に配置されているため、空間同士をつなげる役割も果たす。くつろぐためのスペースはベッドルームと壁で隔てられ、ベッドルームは別の折りたたみ式の壁で隠されている。キッチンでは、タイル張りの壁が収納として使えるだけでなく、テーブルや来客をもてなす場所にもなる。壁には白いタイルを、各要素を反映させるのには緑系の色を使用している。モザイクタイルの色によって空間が際立つ。室内の壁側の空間をうまく利用することで、中央のオープンスペースがすっきりするだけでなく、部屋にもまとまりが生まれる。

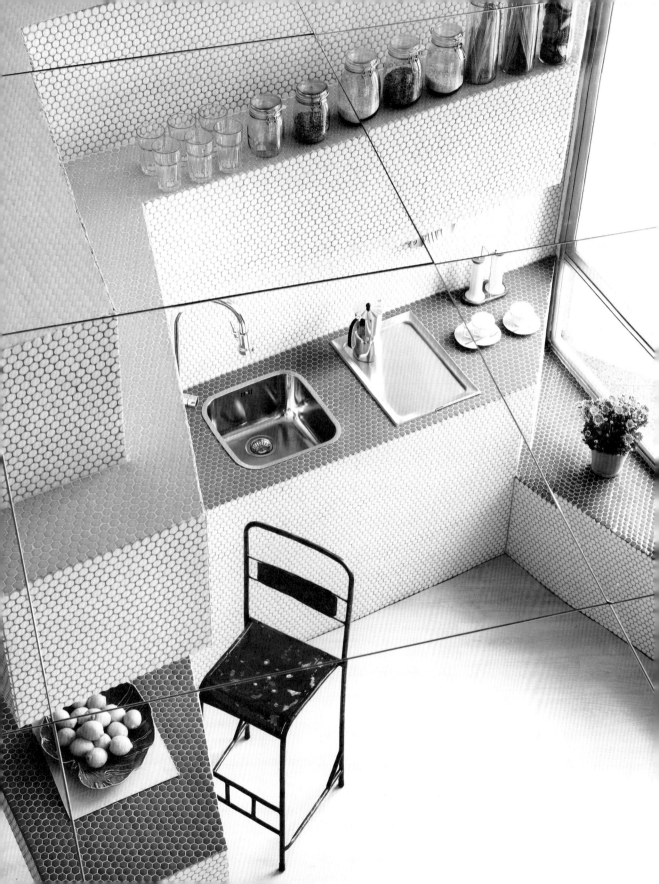

お茶をいれるための
ピンク色の
戸棚の中にある
キッチン

GENSによる、家族向けの住宅
と高齢者向けの住居を一体化さ
せる住宅プロジェクトでつくら
れたこの小さなキッチンは、1
階に住む高齢者が共同で使う。
くすんだピンクのタイル張り戸
棚の中はキチネットになってい
て、小さなシンクと温かい飲み
物をいれるための最小限のスペ
ースがある。

隠れたキッチン

オランダのPaul de Ruiter
Architectsとi29が共同で手
がけたブルメンダールの家の
キッチンは、ダイニングの隙
間にあり、大きなスライドド
アで隠されている。このドア
のおかげで、必要なときには
キッチンが現れ、隠したいと
きには見えなくなる。

木の箱の中のキッチン

マサチューセッツの都市の喧騒から離れたところにあるこの家は、
Framework Architecture によって、ツリーハウスの中にいるような雰
囲気になるよう設計された。広々としたリビングルームの中央には、キ
ッチンが収まった木製の箱がある。白いユニットが木の色と対比する。

ぬくもりを生む
手づくりの
木製キャビネット

Wiredog Architecture の自宅でもある、ニュージ
ーランドの50㎡のアパートメントは、増沢洵が
1952年に発表した最小限住宅の考えをもとに設
計された。広さに制約がある場合、それぞれの空
間を融合させなければならない。オープンプラン
のキッチンを含むスペースが、中央の広々とした
リビングルームの周りに配置されている。上階の
ベッドルームと事務所がリビングを囲む。主に安
価なアメリカのトネリコ材とイタリアのポプラ材
が使われている。中2階用の梁に取り付けられた
キッチンキャビネットも含めて、室内の家具類は
建築家とその父が一緒につくったもの。

少ない予算で
狭いスペースに
対処

ロンドンの15㎡のロフト式ア
パートメントを、ボビー・ピー
ターソンが少ない予算で広々と
した部屋に変えた。壁にはシン
プルな収納ユニットが並び、キ
ャスター付きの小さな調理台は
キッチンのどこにでも動かせる。
収納スペースを減らすために、
鍋やフライパンは壁に掛ける。
キッチンから伸びるはしごを上
ると、小さなワークスペースが
あり、部屋の骨組みに吊り下げ
られた植物が空間に緑を添える。

目を引く壁

Kvart Interiör が手がけたスウェーデンのヨーテボリのアパートメントには、豪華な壁紙が貼られている。部屋の隅にはテーブルと備え付けのベンチがあり、くつろいで食事ができる。

床が色分けされたダイニング

ダイニングスペースを分けるために、Historiska Hem はストックホルムにあるアパートメントのフローリングの床をグレーに塗った。この部屋はシンプルなミッド・センチュリー（＊）の家具付きだ。備え付けの合板のボックスは座る場所になり、座面の下に収納がある。

＊ 1950年代にアメリカで生まれたデザインの潮流

新旧の対比

1960年代にできたブエノスアイレスのアパートメントを、IR Arquitectura がリノベーションし、ダイニングスペースに新しいものと古いものを並べた。中古の木のテーブルの周りには、イームズの椅子と、収納とベンチが一体になった備え付けのベンチがある。

吊り下げられた
ダイニングスペース

Eliiによるマドリードの小さなアパートメントは、天井から引き下ろす家具が特徴だ。キッチンの天井からダイニングテーブルとベンチを出して、吊るしておける。壁のハンドルで滑車を回してテーブルとベンチを引き出せば、空間が早変わりする。

ダイニングの
席に変わる
キッチンカウンター

Austin Maynard Architects が手がけ
たメルボルンの〈Mill House〉のダイ
ニングは、一段高くなった床の上にあ
る。床の下にはおもちゃが収納できる。
すぐそばにあるキッチンの床が一段低
いため、ダイニングでは調理台の高さ
が座るのにちょうどいい。ダイニング
テーブルに追加の席が必要な場合、調
理台と一体になった蓋を開けると、布
張りの椅子が現れる。

唯一無二の
折りたたみ式
ダイニングテーブル

Bogdan Ciocodeică による、ルーマニアのアパートメントの大きな特徴のひとつは、めずらしい折りたたみ式テーブルにある。北欧インテリアの明るい色に影響を受けた木のテーブルが、壁にはめ込まれている。使うときには折り曲げるとテーブルになり、使わないときにはのばして壁に収納できる。

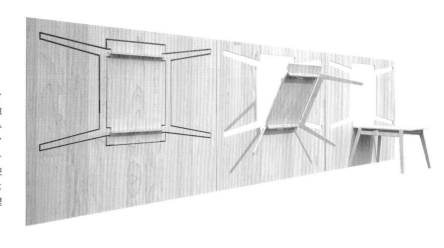

3次元対2次元

ジョンガ・チョイがデザインした
〈De-dimension〉は、壁に掛けてお
ける2次元の1片が3次元の機能的
なモノに変わる。壁に掛かったグラ
フィックアートのようなモノが、必
要なときには来客用の椅子やシンプ
ルなベンチになる。

スペースが
生まれる
スライド式テーブル

L'Atelier Miel が手がけたボル
ドーのアパートメント。木製の
ダイニングテーブル兼デスクは、
壁からスライドして回転すると、
みんなで食事ができるスペース
になる。使わないときには壁の
ユニットに戻せば、リビングル
ームの空間が広くなる。

天井に吊るされた
ダイニングテーブル

Anna and Eugeni Bach Architectsは、バルセロナのアシャンプラ地区のフラットをリフォームして、リビングルーム、ダイニング、キッチン、書斎をひと部屋にまとめた。キッチンを家具のひとつとして設計し、天井近くまで上がれるようにした。そこをベンチとして使うこともでき、むき出しの梁から吊り下げられた板はデスクやダイニングテーブルになる。

バーカウンター兼
ダイニングテーブル

A Little Designは、台北のフラットに「長期滞在をふまえて慎重に家具を設置した」。リビングルームの壁に並んだ2脚の長い木のテーブルは、バーカウンターとして使えるが、動かせば来客用のダイニングテーブルにもなる。

Bella Vista

美しい景色

場所 ＿＿ スロヴァキア、ブラチスラヴァ
居住者 ＿＿＿＿＿＿＿＿＿＿ 1人
面積 ＿＿＿＿＿＿＿＿＿＿ 85㎡

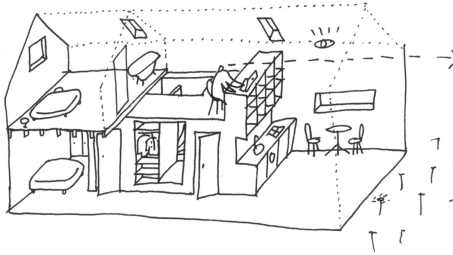

コンパクトで機能的な構造と、思わず息をのむ景色。
気ぜわしい都会の喧騒から離れた、
ブラチスラヴァにある昔ながらの小さな家。

イ　ヴェタ・イストコヴァにとって、何かを変える時期だった。スロヴァキアの首都、ブラチスラヴァの繁華街に近い7階建ての建物。彼女は長年、3部屋あるアパートメントで暮らしていた。飾り気のない簡素なアパートメントで、近くに広々とした公園があり、そこで彼女は長い散歩を楽しんだ。ところが、静かだった近隣は、交通量の多い、騒がしい地域になっていった。

娘がひとり立ちすると、イストコヴァは何か新しいことをする機会を求めた。「ふつうは男性しかしないようなことを、ここですると決めました。独身の人のように、自分のために家を建てよう、と」

どこに住むかをはっきり決めるには時間がかかった、とイストコヴァは言う。「娘と私は2年間ぐらいこの件に夢中でした。本当に楽しかった」

ブラチスラヴァは、ヨーロッパで最も長いドナウ川沿いの、カルパティア山脈のなかでも小さな山のふもとにある。「この街は景色のいいところがたくさんあり、さまざまな生活スタイルが考えられます。でも、街がものすごく成長してしまい、美しい場所からブラチスラヴァの中心まで出勤するのは悪夢になったのです」

金銭面も重要だった。都市中心部の物件は、彼女には高価すぎたのだ。近くに自然があることが必須条件のひとつだったため、イストコヴァは自然のなかにある郊外の地域を探した。同時に、勤務先のある中心部まで時間がかから

ずに出られる、渋滞しない道路があるかも調べた。最終的に、予算と立地の利便性をふまえた場所が見つかった。

中心部まで車でちょうど15分。キュノヴォ地区の郊外は村のような雰囲気で、家族向けの住宅地として再発見された。平坦な地形には、湖と、ドナウ川からの支流がある。約125kmに及ぶ巨大な自然保護区も広がっていて、自転車に乗ったり、走ったり、泳いだりもできる。

イストコヴァは娘から、建築家のピーター・ユルコヴィッチを紹介された。娘の元クラスメイトには、建築を学んでいる人がたくさんいた。イストコヴァは言う。「ユルコヴィッチと彼の事務所〈Gut Gut〉が手がけた建築に見ら

上：家の中心には、木製のサービスボックスがあり、1階に収納、キッチン、バスルーム、2階にワークスペースがある。
右：ガラスの壁が自然豊かな広い庭に開かれている。

れる、使い込まれた素材のシンプルさ、すっきりしたラインと構成、装飾や機能的なディテールのない、やや"野卑な美しさ"が気に入りました。それらは、シンプルさを目指す私の生き方とぴたりと合っていたのです」

イストコヴァは、いくつかの要点を手短に主張したものの、偏見をもたずに取り組んだ。「室内と屋外を密接にさせたかったのです。ホームオフィス、収納部屋、ポーチの

「彼らの建築は、シンプルさを目指す私の生き方と
ぴたりと合っていたのです」

どこも眺めがよく、何もかも使いやすいだけでなく、コンパクトかつ手ごろで、機能的なものを求めていました」

ピーター・ユルコヴィッチ、ルーカス・コーディック、スティヴォ・ポルコヴィッツの建築チームは、類型学／タイポ（タイポロジー）、形態学（モーフォロジー）、スロヴァキア建築に施された装飾から着想を得て提案した。家の建築と内装の大部分を、パッシブエネルギー（＊）や低エネルギー住宅を専門とする〈redukTherm〉という小さな会社に任せた。イストコヴァは、「土地を購入してから建設を始めるまで半年ぐらいかかりました。約1年後、私は新しい家に引っ越しました」と説明する。

敷地面積は500㎡もあるのに、家の面積は85㎡しかない。切妻屋根、大きなガラス窓、建物正面に沿って設けられたポーチが特徴のシンプルな形の家だ。建物一面にあるポーチは1年じゅう使うことができ、イストコヴァは毎朝（冬のあいだも）、そこでコーヒーを1杯飲む。

建築家は予算にも気を配った。かかったコストは約7万5000ユーロ。この家は、配向性ストランドボード（OSB）を使用した環境にやさしい構造断熱パネル（SIP）で発泡スチロールの芯材を挟んでいるため、エネルギー効率がいい。コンクリートの床が温められ、熱エネルギーを蓄える。コストを抑えるために、床は床材で覆わなかった。

イストコヴァの家で何よりも目を引くのは、リビングルームから広大な庭に向かって設けられた巨大なガラスの壁だ。「巨大なガラスの壁は、家のほかの部分と比べると贅沢でした」とイストコヴァは言う。「でも、そうするべきだったのです。家の中にはもっとお金がかからないシンプルなところもあれば、もっと予算がかかってしまったところもあります」

家の中心には合板製の「サービスボックス」が設けられ、キッチン、シャワー、トイレ、収納、上階に続く階段がある。ボックスの周りや上のスペースには、いろいろな部屋がある。

メインとなるベッドルーム、広々としたオープンキッチン、リビングルームは1階にある。サービスボックスの上はワークスペースで、長いデスクの先にはガラスの壁越しに自然の景観が広がる。その後ろには、もうひとつのベッドルームとバスルームがある。やわらかな採光と空気の循環を考えて、天窓と戸口が配置されている。

ガラスの壁は北向きで、通りから離れている。日よけはいらず、プライバシーのために1階にカーテンがあるだけだ。「こんなふうに外に開かれていたら、嫌になるんじゃないかと少し心配していたんです」とイストコヴァは認めた。「でも驚いたことに、いまではほとんど気になりません。建築家が言っていたように、『何かを見たいのなら見られることも考えておかないといけない』のです」

ポーチにはドアが3つあり、それぞれ1階の別の場所につながっている。まん中のドアは玄関で、ひとつはベッドルームに、ひとつはリビングとキッチンにつながっている。「玄関とキッチンのドアをいちばん使います。わずか数歩でポーチまで食べ物を運べるなんて、とても便利です！」とイストコヴァ。家の反対側にある大きな木のスライドドアを開けると、庭仕事の道具を入れておける物置がある。夏のあいだはたいてい、ガラスの壁の両開きのドアを開け放っておく。

家の構造と同じように、室内もベーシックな日用品と豪華な品が組み合わされている。「IKEAのダイニングテーブルを引き立てるのが、1960年代にディーター・ラムスがデザインした代表的なシェルフです。デザインランプには、ふつうの電球を使っています。最近、私の両親が持っていた古いモノをたくさん持ってきたんです。引っ越すときには、少なくともいくつか『色あせない』モノを持ってきたほうがいいと思います」

イストコヴァの家は、以前に住んでいたアパートメントとほとんど同じ広さだが、すばらしい間取りのおかげで、空間もそこにあるモノも、いい意味でまったく違うように

　＊太陽の熱や光、風や雨など自然界に存在するエネルギー

「中央のサービスボックスは空間を構成するだけでなく、
そこに持ち物もほとんど収納できる」

感じられる。「機能性という意味で、この空間はとてもシ　　所に置くようにしました」。中央のサービスボックスは、
ンプルで明快です。ふつうはそこらじゅうに細々としたモ　　空間を構成するだけでなく、ほとんどの持ち物を収納でき
ノがあります。しかも、いくつかの部屋がそうなっていま　　る。イストコヴァは言う。「信じられないぐらい時間の節
す。そこで引っ越してきたとき、同じ種類のモノは同じ場　　約になりました」

Bathrooms

バスルーム

小さな家やアパートメントでは、バスルームは余った狭いスペースに割り当てられることになるが、わくわくするような画期的な形にすることもできる。ベッドルームにある浴室、四方を部屋に囲まれた空間に自然光と換気をもたらす斬新な方法など、バスルームという家庭内で最もありふれた場所にさえ、興味深い対処法はある。

鮮やかな色の浴槽

Austin Maynard Architects が手がけたメルボルンの家のバスルームで目を引くのは、鮮やかな黄色い浴槽だ。GRP（ガラス繊維強化ポリエステル）製の曲線美が美しい浴槽は、建築家自身の手でデザインされた。光沢のあるなめらかな表面のおかげで水垢がつきにくい。

青いバスルーム

Studio Wok による、ミラノにあるアパートメントのリビングルームのスライドドアを抜けると、白い設備とは対照的なターコイズブルーの空間が現れる。狭くて細長いバスルームの小さな窪みには、トイレ、ビデ、シャワーがあり、入り口から見えないようになっている。

幾何学的なタイルの
モザイク模様

SABO Projectが設計したブルックリンのアパートメント
には、以前あったダイカスト工場の巨大なコンクリートむ
き出しの柱が残されている。新しいバスルームの広さを決
めるのに使われた不等辺四角形の陶器のタイルをもとに、
バスルームが設計された。9色の青、グレー、白が組み合
わされた幾何学的模様に壁と床が覆われている。

ボックス内のバスルーム

TENHACHI ARCHITECT & INTERIOR DESIGN がリノベーションした、建築家自身が住む家のバスルームは、木製のボックス内にあり、まるで舞台セットのようにアパートメントのほかの部分から切り離されている。中央にある白いシャワー、白いカーテン、六角形の白いタイルが、斜めに合わされた外側の板と対比する。

収納壁の奥の隠れた場所

シドニーのアパートメントの黒い合板の奥にあるタイル張りのバスルーム。オーストラリアのデザイナー、ニコラス・ガーニーが設計した。

モザイクタイルと
宙に浮いた合板製ユニット

Dan Gayfer Design が手がけたメルボルンの家は、中心にある中庭が特徴的で、ベッドルーム、バスルーム、リビングルームにまで光が届く。明るい色で仕上げられたバスルームが空間を鮮やかにするのに一役買っている。深さのあるミラーフレーム、片持ち梁の洗面台付き合板製ユニット、ピンクがかったタイルが空間の広さを際立たせる。

コンクリート製の
バスルーム

Alfredo Vanotti Architetto のプロジェクトはむき出しのコンクリートから着想された。コンクリートの壁には、木でできた型枠の手触りのある表面によってエンボス加工が施されている。木製の収納の上にある洗面台も同じコンクリート製だ。

狭い空間に
もりだくさん

Proforma Design が手がけた
モスクワのアパートメントの
バスルームは、狭い空間にさ
まざまな要素が凝縮されてい
る。洗面台の上に設けられた
背の高い鏡のおかげで、広々
とした印象がある。白い棚は
洗面用品の収納スペース。白
とグレーに限定された配色と
合板によって広く感じられる。

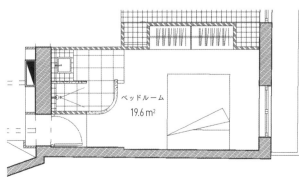

ベッドルーム
19.6 m²

カーブした壁の奥にある、
部屋とひとつづきの浴室

ヘレーネ・ラインハルトは、フランスのサン＝マンデにある狭くて細長いアパートメントを新たに設計した。ベッドルームとひとつづきのバスルームは、カーブした白い壁の奥に隠れている。

Bathrooms

床下に
収納などがある
バスルーム

Elii によるスペインのアパー
トメントのロフトにあるバス
ルームは、ベッドルームの隅
にある。タイル張りの部分に
よって、一段低い浴槽のある
浴室エリアと、配向性ストラ
ンドボード（OSB）を使用し
たほかのエリアとが分かれて
いる。木製の床のパネルを上
げると、洗面用品の収納と、
ひざまずいて使える化粧台が
現れる。

シンプルで最小限の素材

デザイナーのジョアンナ・フービニエンスは、配色と素材を絞ることで、ポーランドのカトヴィツェの85㎡のアパートメントを流れるような空間にした。シンプルな木製のパネルと薄いグレーの壁が、白い流し台や便器と組み合わさり、清潔で整頓された空間を生み出している。

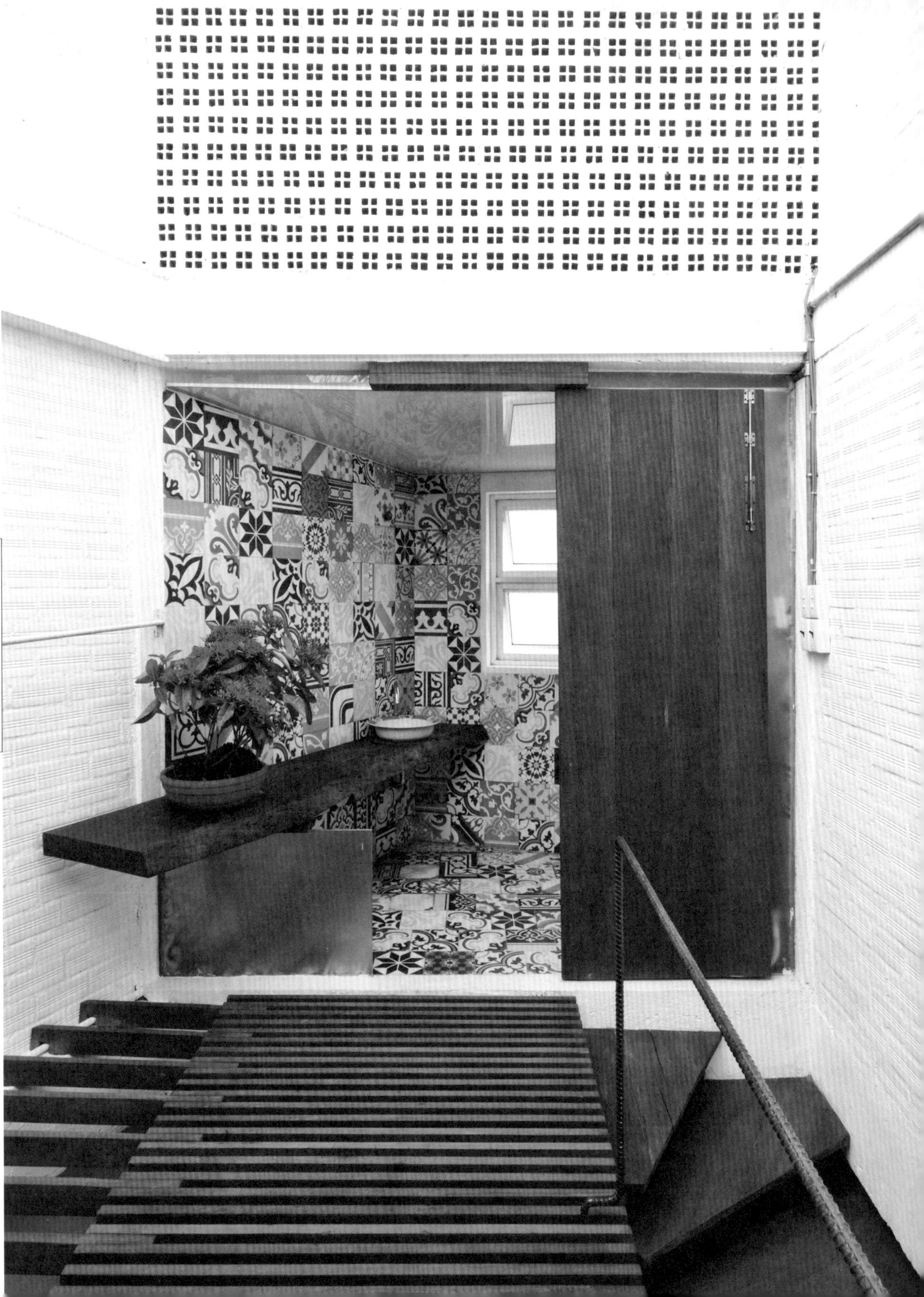

レンガの壁に挟まれた
バスルーム

Jan Rösler Architekten は、ベルリンのクロイツベルク近くの歴史あるアパートメントの小さなバスルームを、石造りの壁のあいだに入れ込んだ。漆喰を塗っていないレンガの壁が、新しい白い壁と対比する。洗面台や便器は狭い隙間に設置されている。

屋根裏の
バスルーム

スペインのサン・セバスティアンのアパートメントで、スペース不足に対処するために、Pura Arquitectura は空間同士をつなぎ合わせた。階段の上にあるバスルームは天井まで届き、大きな天窓からの光に照らされている。片持ち梁の白黒のユニットに洗面台と収納がある。

つながるバスルーム

a21studio がホーチミン市で手がけた家では、その中心部分で日常生活が営まれる。光にあふれた空間を抜けると、格子状の木製デッキと階段が上階に続く。伝統的な装飾タイルの施された2階のバスルームは、スライドドアを通って中心部分とつながる。

自然光が差し込む
空間

SpamroomとJohn Paul Cossは、ベルリ
ンのアパートメントの内装を撤去し、豪華
なシャワー、大きな洗面台、トイレのある
コンパクトなバスルームを設置して空間を
つくり直した。2㎡のバスルームの構造に
よって、中2階や上部の天窓や横にある収
納など、ほかの部分が形づくられている。
スチール製の構造を利用して、天窓を通っ
て上から光が差し込む。

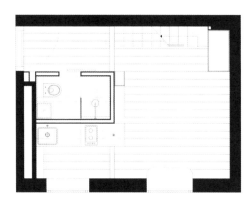

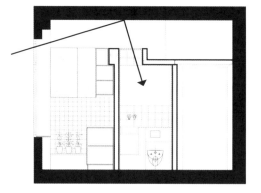

まばゆい地下の
バスルーム

Paul de Ruiter Architects
が手がけたオランダの家は、
周囲の砂丘の景観を損ねな
いために、主に地下に建設
された。天窓から自然光が
地下のバスルームに流れ込
む。また、白い大きな浴槽
と平らなパーティションに
より豪華な印象になる。

Paradise Garage

パラダイス・ガレージ

場所 _____ オーストラリア、メルボルン
居住者 _____ 1人
面積 _____ 36㎡

**ミレニアル世代が自分だけの
隠れ家をつくろうと決めたとき、
解決策は母親の裏庭にあった。**

ガレージに引っ越すことが可能なら、親の家を出てガレージに引っ越す。こうした傾向は、現在では、反抗的な独立心からというより、都市部における家賃と生活費の高騰に対するミレニアル世代の賢い対処法という意味合いが強い。アレックス・ケネディーは、友人のインテリアデザイナー、サラ・トロッターと協力して、メルボルンにある両親の家のガレージに小さな楽園をつくり出した。

学校を卒業してしばらく海外で過ごしたあと、ケネディーは生まれ故郷のメルボルンで身を落ちつける場所を探していた。「友だちとシェアハウスで暮らしていたけど、賃貸契約が終わったり、家主が物件を売却したがったりして引っ越さないといけなくなることに、少しうんざりしていた」と彼女は言う。でも貯金だけでは、ヴィクトリア州の州都でシドニーの次に人口の多いメルボルンで、住宅ローンを組んで物件を購入するには足りなかった。

ときとして、求めていた答えが目の前に転がっていることがある。ケネディーの場合、答えは真後ろにあった。正確には、子どものころに住んでいた家の裏庭にあった。カールトンノースにある、草が生い茂る母親の家の庭に、車

左のページ：アレックス・ケネディー（右）
とクリエイティブな協力者、サラ・トロ
ッター（左）
このページ：ダイニングテーブルの後ろ
にある、印象的な猫足付きのバスタブ。

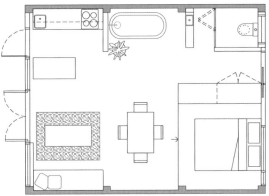

左：再利用されたさまざまな木材、古いドア、未加工の合板の使用、注意深く配置されたヴィンテージの設備や家具と、元々のガレージの剥き出しの梁やコーティングされたレンガの壁とが相まって、空間に飾り気のないぬくもりが生まれている。

2台が入るガレージがあった。ケネディーはガレージのもつ可能性に気づき、その中に自分だけのオアシスをつくることにした。それまでの経験と、自分で家を建てることやリサイクル素材に対する興味を考えると、このアイデアは完璧に理にかなっていた。ケネディーはかつて、ニュージーランドのコミューンに滞在したことがある。そこで彼女は、1970年代に手づくりで家を建てるムーブメントがあったのを知った。また、自分でサウナとスパをつくった彼女のおじが手本になった。彼女とおじのあいだには、手づくりの建築や狭い場所に対する創造性豊かなアプローチなど、共通した関心ごとがあった。

　影響を受けた別の要素として、日本を訪れたこともあげられる。「私はずっと日本のデザインと建築に興味があった。でも、友だちと東京で暮らしたあと、まったく新しい形で空間を理解し、狭い空間でも光と手触りのある家をつくれるとわかった」と彼女は言う。ケネディーは建築家ではないが、基礎をよく理解していた。メルボルン大学での仕事を通じて、彼女は、建物や空間の有効な再利用や設計といった、大規模なインフラ計画に携わっている。計画を実現するために、ケネディーは親友のサラ・トロッターを頼った。建築家でインテリアデザイナーでもあるトロッターは、メルボルンを拠点とするHearth Studioを設立していた。

　ケネディーはトロッターに基本的なデザインを伝え、トロッターが光、空間、収納をふまえて完全なコンセプトに

発展させた。「私はそのコンセプトに庭の要素もしっかり取り入れたかったし、開放的でありながら個人的なものにもしたかった。それにリサイクルの木材を使いたいとも思っていた。リサイクルの木材と家具のほうがずっといいと思う。そこには物語や魅力があるから。建てられたばかりの新しい家の大半は、冷たくて生気を欠いているように見える」とケネディー。サラと協力しながら、ケネディーは約1年半かけて計画し、敷地の準備を整え、家具や設備を選別しながら探した。ほとんどが地元のリサイクルセンターや解体現場、ネットオークションで探した中古品だった。ケネディーは言う。「そうしたものが私のセンスに合った。そしていちばん大切なこととして、家の空間にぴたりと合

うと、サラが確信していた。サラは、私がどうしたいと思っているのかを理解して、細部にまで気を配ってくれた。その能力は本当にすごかった。彼女は、私が考えもしなかったことをするよう勧めてくれた。そのおかげで、私は成長できたし、部屋もとても興味深いものになった」

家と同じときに建てられたガレージそのものに、すでに特徴があった。手がけたのは、1960年代から80年代に手ごろな価格でデザイン性の高いモダニズムの家を提供した住宅グループ、Merchant Buildersだ。むき出しの硬材の梁やコーティングされたレンガの壁といったガレージの特徴を目立たせたい、とケネディーは最初から自覚していた。

予算の上限は約5万豪ドル。ケネディーは能力のある友人の助けを当てにした。建築の大半は、友人の友人の建築業者で家具職人のスコット・マコーマックが担当してくれた。「彼と一緒にやりたかったのは、私が見つけてきたおかしな木の破片やド

「みんながどれだけのスペースとモノを
必要だと思い込んでいて、実際には
ほとんど使わないかが、本当に信じられない」

アを喜んで使ってくれたから。ほとんどの建築業者は、家を建てるのに使う素材を手づくりすることに興味がない。スコットは、私が週末にかけて作業できるようにしてくれて、そばで一緒に作業しながら、つくり方を教えてくれた！」ケネディーはタイル張りには自信がある。一度もやったことがなかったが、このとき自分でやってみたからだ。ほかの友人も必要なときに手伝ってくれた。2週間かけてガレージの中のものを外に出し、色を付けたり、ペンキを塗ったりして仕上げた。

長い道のりだったが、作業に励むこと約4カ月、日本と北欧のデザインの影響を受け、手づくりのスタイルに必要なものをすべて詰め込んだ居心地のいい家が完成した。再利用された床板から未加工の合板まで、さまざまな木材と、ケネディーがつくったキッチンとバスルームの戸棚の茶色いレザーの取っ手などのディテールが相まって、飾り気のないぬくもりが空間にもたらされた。

トロッターは、開放的な間取りにするために、いくつかの要素を注意深く組み込んで空間をアレンジした。たとえば、ベッドルームを一段高くし、シャワーカーテンが分かれるようにして、空間に機能性と調和を生み出した。陶器の食器、背の低い木製の家具、考え抜かれて配置された室内植物によって、落ちついた印象が加わる。壁に掛けられた額装されたアート作品、ヴィンテージの猫足のバスタブ、キッチンに設置した実験室用シンク（再利用品）と、水まわりに張られた日本製のタイル。こうした要素が、トロッターのリノベーションのもつ印象的な個性にひと役買っている。

ケネディーの小さな家において重要な点は、屋外とのつながりにある。建物の壁のひとつが取り除かれ、パノラマ式窓と、天井まで届くガラスドアに取り換えられた。ドアは、母親と一緒に使っている庭につながる。「狭い空間を開放感や屋外と結びつけるのは、とても大切。新しいアパ

ートメントの多くがそれに失敗している」とケネディー
は言う。対照的に、路地に面した家の反対側の壁には、も
っと小さな窓が高い場所に設けられ、羽目板張りのガレー
ジのドア、出入り口として使う目立たないスライドド
アがあり、プライバシーが保たれる印象を受ける。

　ケネディーは、パートナーと猫と一緒にここで暮らし
ている。狭く感じるかという質問に彼女は「ノー」と言う
が、引っ越してきたことで空間に対する考え方や扱い方が
大きく変わったという。「ここでディナーパーティーもで
きるし、やりたいことは何でもできる。モノをため込むこ
とはできないけど。何よりも気に入っているのは、少ない
モノで暮らすことを学べるところと、持っているモノをも
っと大切にするようになるところ。みんながどれほどの
スペースとモノを必要と思い込んでいて、実際にはほとんど
使っていないのが、本当に信じられない。いまでは私は、
余分なモノを処分しているけれど、本当にいい感じ。浄化

上と右：室内植物の使用、
オープンプラン、庭に面
した大きな窓が屋外との
視覚的なつながりを生み
出し、小さな家をもっと
広く感じさせる。

の儀式みたい」

　とはいえ、こうした狭い住居
にふたりで暮らすには、少し工
夫が必要だと彼女も認めている。
「ひとりが眠りたくて、もうひ
とりが起きて何かしたい場合、
少し大変かもしれない。それから、オープンなバスルーム
に裸でいても平気じゃないとね！」ケネディーは上階のベ
ッドルーム増築を楽しそうに考えているが、どこかの時点
で、もっと郊外にパートナーと一緒に家を建てたいと思っ
ている。現在の彼女の生き方は、物事を大きな枠組みで考
えるうえで多大な影響をもたらした。
「いまの家より大きなところに住みたいと考えていたけど、
少しだけ大きな家を建てるかもと思うようになっていっ
た」。ケネディーにとって、小さな住まいが新しいスタン
ダードになったのだ。

Outside the Box

屋外のボックス

使われていなかったり、忘れられていたりする空間に対して、建築家やデザイナーは力を発揮する。想像もしていなかったスペースが住む場所に変わる。建物と建物の隙間、誰も住んでいなかった屋上、大型のゴミ容器（ダンプスター）、輸送用コンテナなど、予想外の住居を生み出すには、ちょっとした想像力があればいい。高額な不動産価格のせいで"住宅すごろく"（＊）ができなくなる若者や、都市部での土地の不足といった住宅危機に対して、使われていない空間の有効利用が解決策となる。

＊狭くて安価な住まいから、段階的に広くて快適な住宅に移り住んでいくこと

アーティストのための
ポップアップ・スペース

2016年のロンドン建築フェスティバルに出品されたトマソ・ボアノとジョナス・プリスモンタスによるインスタレーション。この作品は、家賃が高すぎてロンドンで活動できないクリエイターに手ごろなスペースを提供するために設計された。ガラスで覆われたコンパクトな物体〈Minima Moralia〉は、デザイナー、彫刻家、画家、ミュージシャンなどアーティストのためのポップアップ・スペースだ。わずか4㎡のアトリエは、屋上や裏庭など、使われていない場所で簡単に組み立てられる。モジュール式のスチールフレームの特徴は、窓を上に開くと広くなるワークスペースにある。窓は外に座るときには屋根にもなる。中には、配向性ストランドボード（OSB）を使用したシンプルなデスク、収納ユニット、棚がある。

ダンプスターの中の
住まい

環境科学のジェフ・ウィルソン教授による〈The Dumpster
Project〉は、ゴミ容器サイズの家での生活の限界を探った
ものだ。ヒューストン・ティロットソン大学の博士課程での
研究プロジェクトとして、ウィルソンはさまざまな段階に分
けてスチール製のダンプスターを適応させていった。小さな
ワードローブを加えたり、内装を白く塗ったり、郵便受けを
つけたり、浄水システムを導入したり、所持品を収納できる
木製のドアを取り付けたり、エアコンや上開き屋根をつけた
りした。ウィルソンは大学のキャンパスの敷地内に置かれた
スチール製のダンプスターの中で1年暮らした。その後、こ
のときの経験を生かして、〈Kasita〉というマイクロ住宅事
業を立ち上げた。ダンプスターの工業デザインに影響を受け
た新しい家は、わずか3㎡しかなく、有効利用されていない
都市部のスペースに設置されるように設計された。

左のページ：
ジェフ・ウィルソン教授が
ダンプスターの中にいるところ。
2014年2月から
2015年2月末まで暮らした。
内部は、スチールの表面が白く塗られ、
派手な色の布やクッションや
ラグを使うことで、
くつろげる空間になっている。
このページ：
ヒューストン・ティロットソン大学の
キャンパスにあるダンプスターの家に
付け加えられた、
傾斜のあるスライド式の屋根は、
換気を助けて自然光を取り入れる。

アムステルダムの
小さな公園にある
8㎡の居住空間は、
コンパクトな空間を表す
「タイニー・ハウス」の典型。

Outside the Box

228

3Dプリンターで
つくられた
都市のキャビン

DUS Architectsによって3Dプリンターでつくられたキャビンは、ダムに隣接した小さな公園にあり、以前はアムステルダムの工業地区だった場所で都市の隠れ家になった。コンパクトでサステイナブルな住宅問題解決策の調査プロジェクトの一環として建てられた8㎡の家は、完全にリサイクル可能な黒いバイオプラスチックを使い、すべて3Dプリンターでつくられた。DUSはこのキャビンを実験室の一種として使用し、さまざまな種類の外壁の処理と装飾、フォーム最適化技術、断熱材や素材を使用するうえでの対処法を試した。小さなポーチと室内空間が特徴のポップアップ・ルームでは、ソファを広げるとベッドになる。表面をコンクリートで仕上げた階段状のポーチは小さな公園とつながる。

2棟の
アパートメントの
あいだに
差し込まれた狭い家

驚いたことに、ヤコブ・シャーズニによる
ワルシャワの家は、大胆にも2棟のアパー
トメントのあいだに差し込まれ、14㎡しか
ない。サイズが小さいため、ポーランドの
法規では、恒久的な住宅とは認められてい
ない。この〈Keret House〉を所有するポー
ランド現代美術協会は、ここを一度に最大3週間までアーティストが滞在できる宿泊施
設として使用している。広いところでも幅が133㎝しかない。地面から持ち上げられた
スチールフレーム製の2階建てのアパートメントには、金属製の階段を上って入る。半
透明のプラスチックの天窓から光が差し込む。サイズは小さいが、下の階にバスルーム
とリビングルームがあり、垂直に設けられたはしごを使って上階に行くと、ベッドルー
ムと小さな学習スペースがある。

左上：〈Keret House〉には
アーティストが眠り、食事し、
作業をするスペースが十分にある。
左下：幅の狭いデスクが
小さなワークスペースになる。
左中央：既存の壁の上に半透明の
外壁が見える。
このページ：三角形の構造は
地面からもち上がっていて、
既存の2棟の居住用ビルのあいだに
差し込まれている。

ガレージの上にある
コンパクトな日本の家

関口太樹＋知子建築設計事務所による、ガレージの上の空間を活用したコンパクト
な木造の家は、兵庫県の昔ながらの住宅街にある。オーナーからの要望のひとつは
四輪駆動車を置けることだったが、敷地は27㎡しかないため、1階はほぼ駐車場
で占められた。その結果、生活空間はガレージの上に設けられた。傾斜した壁のお
かげで、近隣への影響が和らいでいる。外壁は同じ資材でつくられ、黒いこけら板
で覆われていて、一体感のある印象だ。天井はほとんど天窓になっている。そのた
め室内は光で満たされ、傾斜した外壁に窓をつけなかった点が補われている。室内
の壁と備え付けの家具は木製のため、統一感のあるぬくもりが感じられる。

乱平面づくりの
小さな日本の家

YUUA建築設計事務所が設計した、東京郊外の幅
1.8ｍの家は、日本の建築基準では最小の幅だ。既
存の2軒の家に挟まれた4階建ての家は、乱平面づ
くり（＊）が採用され、壁がなくても空間が分かれて
いる。メインとなる4つの階はそれぞれふたつの高
さに分けられ、上下階を分ける後ろ側の階段と、各
階に空気の通り道をつくるための中央の階段で構成
されている。最大の懸念は、どう光を取り入れるか
だった。建築家は通りに面した壁のガラスを最大に
し、巨大な天窓を設置して、自然光がしっかりと入
り込むようにした。照明を使うのではなく、壁の表
面を光が反射するように仕上げた。また、暗い色に
することで奥行きを感じさせる。通りに面したガラ
スの壁によって、各階に目が向くようになっている。
「シンプルな外観の美意識と内部の連続性のあるア
プローチという組み合わせだけでなく、手触り感の
ある素材によって、色あせない穏やかな生活空間に
なっています」

＊半階ずつ高さの変わる床があるつくり

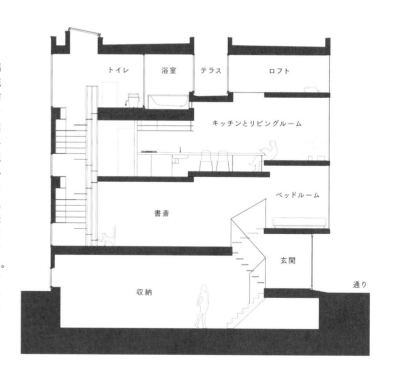

トイレ　浴室　テラス　ロフト

キッチンとリビングルーム

ベッドルーム

書斎

玄関

通り

収納

木のように
細長い家

正面の外壁の面積が小さい利点を活かし、藤原・室建築設計事務所はレッドシダーという高級な資材を使うことができた。建築家が言うには、この外壁によってこの家が「近所に大きな木のように建っている」印象を与えるという。

隙間を埋める
コンクリートブロックの外観

バルセロナの3階建ての家は幅5mの傾斜した敷地にある。Josep Ferrando Architecture は隣接した建物同士を隔てる壁のあいだにコンクリートブロックでできた建物をはめ込んだ。

わずかな土地に建つ家

2軒のヴィクトリア朝のテラスハウスのあいだに押し込まれたロンドンの家。Boyarsky Murphy Architects が手がけ、〈Silver House〉というぴったりの名前がつけられている。通りに面した幅は3mしかない。この家は、後ろに行くにしたがって広くなっていて、建築家はそこにテラスと庭を増築した。

Vertical Village
多層的な邸宅

場所 _____ ベトナム、ホーチミン市
居住者 _____ 9人
面積 _____ 135㎡

数世代の家族の生活に対して型にはまらないアプローチをすることで、サイゴンの路地に息づく伝統的な建築と文化がもつロマンあふれる精神が蘇る。

ホーチミン市。いまでもときどき親しみをこめてサイゴンと呼ばれるこの街は、ベトナム最大の都市だ。中国式の塔（パゴダ）、フランスのコロニアル様式のヴィラ、きらびやかな複合高層ビル、密集した「チューブハウス」（*）といった多様な建築は、都市の激動の歴史を映し出している。21世紀に入って急速に発展したサイゴンは現代的なメトロポリスになったが、その代わりに失うものもあった。大きくて新しい、西洋的なプロジェクトに合わせて、古い建物やそこに宿る文化が破壊されているのだ。

サイゴンを拠点とする建築会社、a21によると、そのことがここに住むベトナム人と文化史の断絶を広げている。a21は、自分たちの建築を通じて、この断絶に抵抗しようとしている。「サイゴンの文化が忘れ去られようとしています。若い世代は西洋式の家、趣のない同じような通りで子ども時代を過ごし、消費文化にどっぷり浸かっています。

教育が行き届かず、自分たちが生まれ育った場所に対する理解を欠いていることも原因です」と、a21の建築家は言う。2009年設立のa21は、現地の資材と施工法を融合し、ベトナムの伝統的な文化と価値をさまざまな形で映し出すコンセプトと詩的なアプローチが国際的に称賛されている。

〈Saigon House〉を手がけるにあたって、a21は、著名なベトナム人学者ヴオン・ホン・セン（1902 – 1996）にまつわる逸話に深く影響を受けた。ヴオンはその人生の大半を、文化財の収集や南ベトナムの文化と歴史の研究に捧げ、自身のコレクションとサイゴンの文化を残し共有するため

＊間口の狭い複数の階層がある住居

に、自宅を博物館に変えたいという遺言を残した。19世紀まで遡る伝統的な南ベトナム建築を代表する美しい家は〈Van Duong Phu〉と呼ばれ、1950年代にヴオン・ホン・センが地方からサイゴンの中心部に運び、ひとつひとつ愛情をこめて建て直したもの。

ヴオン・ホン・センは仲間から尊敬されていたが、文化財の保護への情熱は伝えきれなかったという。アンティークを収めた部屋に入るのを禁じられていたヴオンの息子は、やがて父親に対して憤りを感じるようになった。晩年になってヴオンが、自分に親として欠けているところがあったと気づいたころには、息子は自分の家庭に対して愛情も抱かなければ、父親の遺産を維持することにも興味をもたなくなっていた。最終的にこの家は、2003年に都市遺産として登録されたものの、いまでは見る影もない。もともとのコレクショ

ンの多くは盗まれ、建物は何十年も放置されていたからだ。「通りにある小さな食堂のようです」と建築家は言う。

家を建ててほしいという依頼が入ったとき、a21は、ヴオン・ホン・センが自宅で試みようとして挫折したことをやってみようと決めた。サイゴンの特徴や特性のある建物を伝えるのだ。そこに宿る精神が何世代も生きつづけられるように。

依頼主の女性にはほとんど要望がなく、a21の考えを受

左：依頼主は、自分たちの家庭のある兄弟姉妹も含めて、一族全員が週末に集まれる場所にしたかった。かつてサイゴンの同じ屋根の下で一緒に暮らしていたときのように。上：階段や通路や見晴らしのいい場所が生き生きとつながり、家のいたるところでコミュニケーションが育まれる。

3歳から12歳までの子どもが5人）と暮らす必要があった。そして、自分たちの家庭のある依頼主の兄弟姉妹も含めて、一族全員が週末に集まれる場所にしたかった。かつてサイゴンの同じ屋根の下で一緒に暮らしていたときのように。都市部ではポピュラーになった西洋式ではなく、むしろ、彼女が知るサイゴンのような家を求めていた。新しい家では、家族の伝統を守り、子ども時代の懐かしい思い出を自分の子どもに伝えたい、最終的にはこの家を子どもたちへの贈り物にしたいという。こうして、a21は設計するうえで子どもたちにしっかりと焦点を当てた。「コンセプトを伝える際、まず子どもたちに見せました。子どもたちが気に入れば、両親も気に入るからです」と建築家は言う。

　はっきりとした「サイゴンの」家を目指しながら、a21は「雨でも晴れでもロマンチックなサイゴンの通りに対する愛」を活用した。新しい取り組みをしつつ、建築家は典型的なサイゴンの路地にある多層的な家を構想した。各部屋には、斜めのタイル張りの屋根、花を植えられるバルコニーのある雨戸付きの窓、色とりどりの手触りをもつ外壁があり、ミニチュアの家のようだ。ひとつの建物にするかわりに、支えとなる壁のあいだに独立した形で小さな住居を吊るした。階段や通路や見晴らしのいい場所が生き生きとつながり、家の4つの階のいたるところでコミュニケーションが育まれる。建築家は言う。「最近のベッドルームは広すぎるため、子どもたちはそこで長い時間過ごすようになってしまう。でもこの家ではベッドルームを小さめにしているので、子どもたちはベッドルームから出て家の中で見たり聞いたりほかの人とかかわったりするよう促されるのです」

　家の中心には中庭があり、そこで一族が食事などをするために集まれる。その上の空間に張られた大きなネットは、

け入れてくれた。「依頼主は私たちのところに来てこう言いました。『3×15mの土地がありますが、どうしたらいいのかわかりません。家族全員が住める家を建てたいんです』と。その小さな敷地は旧市街中心部の狭い通りにありました。多層式の建物と呼ばれるベトナムの典型的な都市のテラスハウスが、新旧織り交ぜ立ち並んでいました。『チューブスタイル』とは、1階がお店で、上に何階かあり、そこがオフィスや住居になっている長細い建物のことです」

　依頼主は、3世代にまたがる7人の家族（祖父母がふたり、

「コンセプトを伝える際、まず子どもたちに見せました。子どもたちが気に入れば、両親も気に入るからです」

建物のほとんどどこからでも見える。「大人たちは中庭に座り、子どもたちは走り回る。全員に密接な交流が生まれる。まるで屋外にいるみたいに——それこそが〈Saigon House〉に取り入れたかったことなのです」

中庭の上の空間は半透明の屋根まで抜けているため、住人は時間の経過や季節の変化を感じられる。建築家は言う。「これは現代のサイゴン社会ではきわめてめずらしい要素です。コミュニティ、自然、愛といった要素がまったく欠けていますから」。さらに内部と外部の相互作用を融合させるため、サイゴン原産の木や低木を1階やバルコニーに植え、家の正面の外壁から屋根までを装飾的な鉄格子で覆い、そこにも樹木を配した。長い時間をかけて

上：中庭の上の空間は半透明の屋根まで抜けている。
長い時間をかけて、家の中も外も緑で覆われる。

「大人たちは中庭に座り、
子どもたちは走り回る。
全員に密接な交流が生まれる。
まるで屋外にいるかのように。
それこそが、〈Saigon House〉に
取り入れたかったことなのです」

て、家の中も外も緑で覆われるだろう。

　この家には、主にコンクリート、レンガ、鉄が使われ、ベトナムでは一般的な方法で建てられた。古きよき精神を伝えるため、内装の瓦、床板、ドア、窓、雨戸など仕上げに使われた資材の大部分を、サイゴンで解体された家から集めた。家具の部品も依頼主と建築家によって丁寧に選別された。それぞれの部品に物語の記憶が宿っている。「そうしたのは価格が安いからではなく、部品そのものとそこに宿る物語があるからです。古いモノの確かな美しさに興味があるだけでなく、そこには、つながりが、古くて打ち捨てられたモノに宿るサイゴンについての物語が感じられます。それらがいま、最も必要とされている場所で息を吹き返すのです。こうした物語とともに成長することで、子どもたちはこの家をもっと大切にするでしょう」

　全体と部分とが切り離せないように、〈Saigon House〉によって、過去と現在との琴線に触れる情感豊かな対話が生まれ、住人たちは土地や文化やお互いへの強い結びつきを育むよう促された。a21は言う。「建築は正しい文脈と環境のなかにだけ存在し、文化や環境とつながる必要があると、いつも思っています」

Index インデックス

Small Homes Grand Living

小さな家の
大きな暮らし

2021年3月22日 初版第1刷発行

編集：gestalten

翻訳：酒井章文

翻訳協力：株式会社リベル

デザイン：木村真喜子（lunch）

校正：佐藤知恵

コーディネーター：大浜千尋

日本語版制作進行：諸隈宏明

発行人：三芳寛要

発行元：株式会社パイ インターナショナル

〒170-0005 東京都豊島区南大塚 2-32-4

TEL 03-3944-3981　FAX 03-5395-4830

sales@pie.co.jp

Original title: Small Homes Grand Living Interior Design for Compact Spaces
Original edition conceived, edited, designed and published by gestalten
Edited by Robert Klanten and Caroline Kurze
Foreword by Prof. Sigurd Larsen
Project texts by Laura Mark
Profiles by Alisa Kotmair
Cover photography by Matthias Hiller, STUDIO OINK, www.studiooink.de
Back cover photography by Gidon Levin, 181 degrees (top),
Peter Bennetts Studio (center right),
Lisbeth Grosmann (bottom right),
Federico Villa fotografo (bottom left),
Jonas Berg (center left)

ISBN978-4-7562-5349-1 C0077
本書の情報はすべて原書に基づいています。